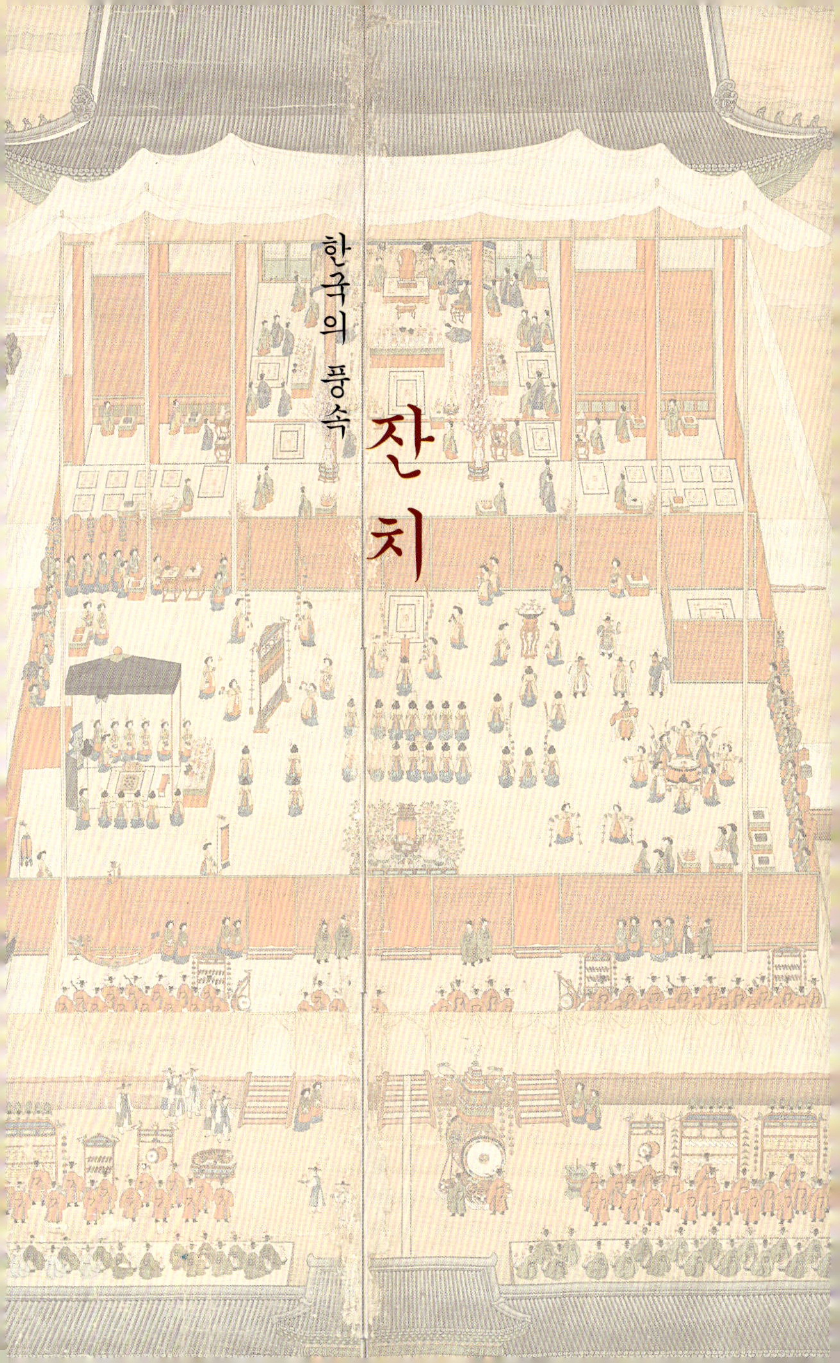

한국의 풍속

잔치

한국의 풍속

잔치

윤 서 석 지음

우리 문화의 뿌리를 찾아서를 펴내며

한국의 전통 문화를 세계에 알리고자 하는 의도에서 기획된 '우리 문화의 뿌리를 찾아서' 시리즈는 다양한 분야의 연구 성과들을 국내외에 소개함으로써 우리 문화의 독특함과 보편성을 알리고 세계 속에서 한국 문화의 위상과 학문적 경쟁력을 높이는 데에 그 목적을 두고 있다.

한글과 영어로 발간되는 이 시리즈는 지나치게 학술적인 경향이나 단순한 안내서의 수준을 지양하고 한국의 전통 문화를 이루는 근간을 다양한 사진 자료를 통해 세부적으로 집중 조명해 봄으로써 우리 문화를 폭넓고 깊이 있게 이해할 수 있도록 하는 데에 그 특징이 있다.

이 시리즈는 또한 현대 문명이 유발한 문제점들을 치유하는 대안이 한국의 전통 문화의 본질 속에 들어 있다는 것을 깨닫게 함으로써 세계인들이 한국 문화의 우수성을 올바로 이해하는 데에 크게 기여할 것이다.

2005년 1월

이화여자대학교출판부

책머리에

잔치는 경사가 있을 때 손님을 청하여 음식을 함께 나누면서 덕담도 하고 가무도 즐기는 우리의 풍속이다. 신명나고 흥겨우며 풍류가 흐르는 잔치 문화에는 더불어 살아야 하는 인간 세상의 섭리와 질서가 내재하고, 풍요와 평안함을 기원하는 간절함이 있으며, 같은 풍토 같은 사회에서 함께 다듬어 온 생활 양식이 근거를 이룬 고장 나름의 전통이 존재한다.

우리나라의 옛 잔치에는 『삼국지』 「위지 동이전」에 전하는 부여의 영고, 고구려의 동맹, 예의 무천, 한에서 춘 · 추로 행하던 천제의식이 있다. 나라 안 사람들이 모두 모여 하늘에 제를 올려 풍요를 빌고 결실을 감사하는 이러한 의식은 의례를 분리하지 않은 신명나는 잔치 마당이었다. 이러한 제천의식은 생업이 발전하고 사회 조직이 확대되면서 나라 잔치, 마을 잔치, 명절 잔치 등으로 나뉘어졌다. 생일 · 혼례 · 수연과 같은 통과의례 잔치도 갖추어지고 계절 따라 산유와 들놀이로 풍류를 즐기는 크고 작은 잔치가 우리의 생활 습속과 함께 생겨났다.

신라나 고려의 팔관회는 고대 제천의식의 맥을 잇는 것으로 신라의 팔관회는 화랑이 가무와 백희(百戲)로 용천을 환희케 하여 평안을 비는 것이었으며, 고려의 팔관회는 고려 태조 원년에 시작하여 근 130여 년간 계속된 성대한 나라 잔치였다. 산처럼 높은 채붕을 화려하게 꾸민

자리에 왕이 문무백관을 거느리고 행차하면 백성이 구름처럼 운집한다. 잔치가 시작되면 다과상과 술 · 음식이 순차로 나오는데, 음식 순차와 함께 가무가 따른다. 무대에서는 신라 이래로 공연해 오던 검무와 처용무 · 오기(다섯 가지 탈춤)를 연출하고 북소리 징소리가 천지를 진동케 하는 가운데 불꽃놀이가 번개처럼 번쩍이었다 한다. 고려 팔관회는 고대의 제천의식과 신라의 팔관회를 통합한 민족적인 수확제 성격의 제전으로서 민간의 세시풍속으로까지 자리잡게 되었다.

이러한 고대의 제천의식은 또한 민간의 여러 지역으로 이어져서 지역에 따라 산신제, 풍어제와 같은 마을 공동의 굿을 이루었다. 조선 왕조 이후로는 먼저 유교식 제사를 지내고 마을 굿 잔치를 했는데, 대표적인 것이 강릉 단오제이다. 강릉 단오제는 대관령 산신을 모시는 관 · 민 공동의 신앙제이다. 토속 제의와 유교 제사가 혼합되고, 관노가면극 · 씨름 · 그네뛰기 · 고싸움과 같은 놀이와 풍악 · 춤 · 음식이 어우러져 여러 날 성대한 잔치 마당이 된다. 강릉 단오제는 현재 유네스코 세계무형문화재로 지정되어 있다.

마을 잔치로는 두레 잔치가 있다. 두레는 마을의 청장년으로 구성되며, 생업을 품앗이로 상호 부조할 뿐 아니라, 줄다리기 · 홰싸움 · 편씨름과 같은 집단 오락을 펼치고, 풍물패의 신명을 농사판으로 이끌어 공생(共生)의 동력 구실을 하는데, 농사두레 · 길쌈두레 · 두레풍장 등 기능이 나뉜다. 농가에서는 두레 잔치라 하여 농번기가 끝나는 시기에 호미를 씻어 걸고(호미씻이라 함) 술과 떡 · 지짐 등으로 푸짐한 잔치를 베풀어 격려하고 감사한다.

우리나라는 춘 · 하 · 추 · 동 4계절의 변화가 분명하므로 농가월령가(農家月令歌)에서 보듯 농사와 가정 살림을 적기에 맞추었는데, 한편으로는 달마다 정해진 절일(節日)을 명절이라 하여 마을 사람들이 모여 제철 음식과 놀이로 잔치를 벌이면서 서로 격려하고 휴식하는 시간을 가졌다. 생일 · 혼례 · 수연 · 회혼과 같은 통과의례 잔치 중 어린이 생일 잔치는 부모가 베푸는 수명장수 기원 잔치이고 수연 잔치는 자손이 베푸는 효도 잔치이다. 혼인 잔치는 흔히 통과의례 잔치의 중심이라고 할 수 있는데 공개성이 짙은 잔치 마당이다.

궁중 잔치는 민간의 잔치에 비할 수 없이 규모가 크고 절차가 정중하지만 잔치의 의미는 다를 바 없다. 조선 왕조를 거쳐 많은 잔치가 제도화되었지만 그중 신하와 술잔을 나누는 회례연(會禮宴), 도성의 노인을 초청하는(지방에 사는 노인은 지방에서 행한다) 기로연(耆老宴)이 임금이 민간과 어울리는 잔치이다.

궁중 잔치나 민간 잔치나 잔치에는 좋은 술과 음식과 가무가 있어야 하고, 의식에 맞게 치장을 한 복색과 잔치의 의미를 상징하는 장(場)이 어우러져야 비로소 잔치의 격이 생기고 흥이 넘치고 멋을 이룬다. 고구려 벽화는 장막을 드리우고 차일을 친 고대 잔치 마당을 보여주고, 경주의 안압지는 신라 시대 왕이 백관을 거느리고 술잔을 기울이던 풍류를 상상하게 한다. 조선 시대 순조 즉위 30년을 축하하는 명정전 잔치를 그린 을축진찬도(乙丑進饌圖)를 보면, 높은 단위에 일월오봉병(병풍)을 두르고 그 앞으로 용평상(龍平床) · 용교의(龍交椅) · 답장(踏掌)이 놓이고 그 앞으로 진작탁(進爵卓)과 어찬안(御饌案)이 있고 왕이 마실 술을 담은 수주정(壽酒亭)이 놓인다. 한 쌍의 산선과 보검, 별운검, 일산, 수정장과 같은 의장(儀仗)이 주위를 두르고 낮은 단 아래에는 악기와 악장, 가무하는 사람들이 배열해 있는데 악기는 20여 종, 악사는 40여 명쯤 된다. 그런가 하면 선비들은 청명한 산수간에 아담하게 지은 두서너 칸의 누정에서 자연을 병풍삼아 거문고를 뜯는 풍류가 또 한 폭의 우리 잔치이다.

이러한 잔치 음식의 기본이 술과 떡이다. 우리의 술은 곡주가 전통인데, 고래로 술 빚는 솜씨가 출중하여 곳곳에 명주가 많고 각 가정의 가양주 솜씨가 뛰어나서 잔치가 있으면 때에 맞추어 술을 빚는 일을 선행하였다. 떡은 농사가 처음 시작되던 때부터 있어 온 음식이어서 잔치와 같은 전래 행사에는 필수품목이 된다. 조선 시대 문헌에는 250여 종의 떡이 등장하는데, 성스러운 의미를 상징할 때에는 반드시 백설기를 찐다. 혼인 잔치, 수연 잔치 등 큰 잔치에는 여러 가지 편을 높이 고이고 주악 · 화전 · 단자 등으로 웃기를 얹어 경하의 의미를 나타내고 물색을 입힌 절편으로 꽃나무를 구성한 색떡이 큰상의 좌우를 장식한다. 색떡은 오늘날의 화환과 같은 역할을 하였다. 가장 정중한 잔치상 차림이 여러 가지 음식을 높이 고여 올린 큰상인데, 큰상은 조선 시대에 시작된 것이다. 궁중의 큰상의 음식은 사찬(賜饌)이라 하여 신하들의 집으로 보내졌다. 민가에서도 수연 잔치에 받은 큰상은 반복(頒福)이라 하여 반드시 여러 사람에게 나누는 것이 우리 풍속이다.

이 책에서는 전통적으로 내려오는 우리나라 잔치의 역사와 종류를 대략적으로 소개하였을 뿐이고 오늘날의 잔치는 언급을 하지 못하였다. 잔치는 바로 인간의 삶의 현장이므로 다른 나라의 잔치와 비교하면서 통합적으로 연구하면 참으로 재미 있는 공부가 될 것이다.

지은이

차례

한국의 풍속 잔치

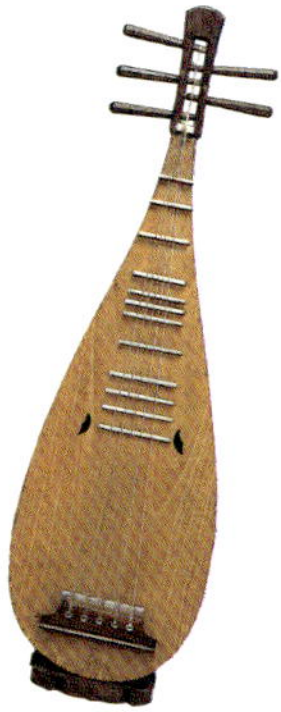

Ⅲ. 잔치판과 신명의 문화

I.
잔치의 기원

잔치의 역사

태백산 천제 태백시청 관광문화과 제공

잔치의 역사

잔치의 뜻

잔치는 경사(慶事)에 음식을 차려놓고 손님을 청해 함께 먹고 즐기는 것을 말한다. 개인적으로 좋은 일을 자축하거나 혹은 손님을 맞아 음식을 나눈다는 점에서, 잔치는 음식 나누는 일이 중요한 공동체 행사이다. 잔치는 결혼식을 달리 이르는 말이기도 하다. 그것은 우리의 삶 속에서 결혼식이 가장 대표적인 경사이기 때문이다.

잔치가 열리면 많은 사람들이 모여 그간의 안부들을 나누는 가운데 서로가 잘되기를 빌고 감사하는 마음이 덕담으로 오고간다. 사람 사이의 흥겨운 어울림에는 노래와 춤과 해학이 있기 마련이고, 이런 놀이는 친분과 신분의 간격을 뛰어넘게 만든다. 이렇게 잔치는 아득히 먼 옛날 인류가 모여 살게 되던 때로부터 시작하여 오늘날까지 어느 민족, 어느 나라에서나 끊임없이 이어져 왔고 또 이어져 갈 공동체적 행사이다.

한국 잔치의 역사와 성격은 지금껏 남아 전하는 속담들에서 일차적으로 확인할 수 있다. "잔치는 잘 먹은 놈 잘 치렀다 하고, 못 먹은 놈 못 치렀다 한다"는 속담은 사물에 대한 평가가 사람의 체험에 따라 달라질 수 있다는 것을 나타내는 말이지만, 일차적으로 잔치가 음식을 먹는 행사라는 성격을 잘 드러내 준다. "잔치에는 먹으러 가고, 장사(葬事)에는 보러 간다"는 속담도 잔치나 장례식에는 축하나 위로를 해주어야 함에도 자기 실속만 차리려고 하는 세속 인심을 비꼬면서 잔치에서 음식의 중요함을 잘 드러내 준다고 할 수 있다. "소문난 잔치에 먹을 것이 없다"거나, "남의 잔치에 감 놓아라 배 놓아라" 한다든가, "새 잡아 할 잔치 소 잡아 한다"는 속담들이 대개 음식과 관련이 깊다는 점도 잔치가 먹는 축제라는 일차적 성격을 잘 보여준다.

잔치가 음식을 잘 차려 손님을 정성껏 대접해야 하는 축제이니만큼 잔치를 마련하는 쪽에서 크게 부담이 되었던 속담 또한 잔치의 또 다른 면을 보여주고 있다. 먼저 "잔칫날 다가오듯 한다"는 속담은 잔치가 치르는 쪽에서 적잖게 부담이 되었던 모습을 말해 주고, "남의 잔칫상에 찬물을 끼얹는다"고 하여 잔칫집에 초대받아 오히려 훼방을 놓는 사람들이 있음을 보여줌으로써 잔치의 어려움을 말하기도 한다.

잔치와 공동체 문화

잔치는 사람들의 일상 속에서 개개인의 생일이나 결혼과 같은 축하에서 발전되었을 것이지만, 기록으로 전하는 한민족(韓民族)의 잔치의 기원은 멀리 제천의식(祭天儀式)에서 찾을 수 있다. 한민족은 고대국가 시기부터 나라 안 사람들이 모두 모여서 하늘에 대한 제사[天祭]를 올리면서 성대한 잔치를 벌였는데, 『삼국지』「위지 동이전(魏志東夷傳)」에 그 모습을 전한다.

부여는 정월에 영고(迎鼓), 고구려는 10월에 동맹(東盟), 예(濊)는

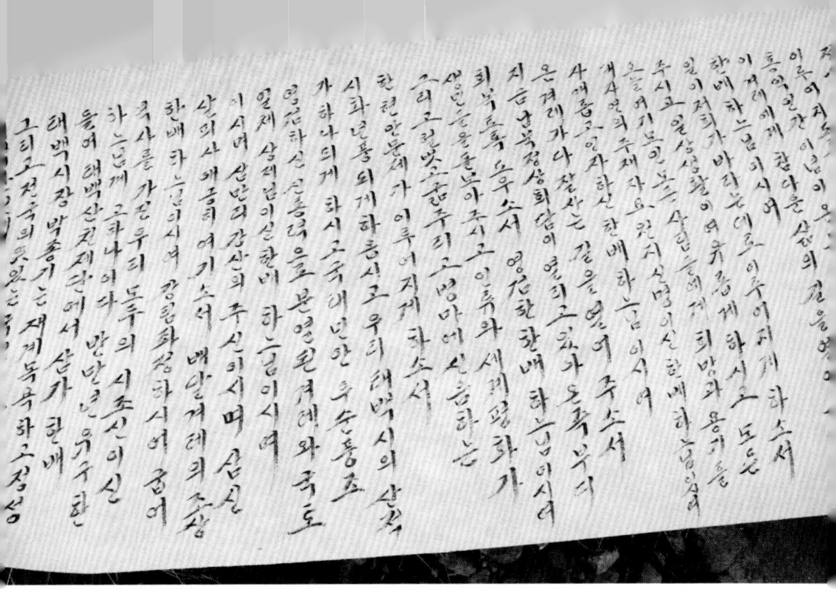

태백산 천제의 고천문 태백시청 관광문화과 제공

10월에 무천(舞天), 한(韓)은 5월과 11월에 하늘에 제(祭)를 지내는데, 이때에는 나라 안 사람들이 모여 음주가무(飮酒歌舞)를 하며 여러 날 밤을 지새운다.

이것은 나라 안이 두루 태평하기를 빌면서 신명난 가무로 하늘에 제사를 올리고, 힘들여 얻은 생업의 결실을 바치면서 춤추고 기뻐하는 우리 조상들의 잔치 모습을 보여주는 글이다. 추운 겨울철에 영고를 행하는 부여는 사냥을 주로 했고, 10월에 하늘에다 제사를 지내는 고구려 · 예 · 한은 모두 농사와 어업을 생업으로 하였다. 그러므로 영고 · 동맹 · 무천 · 한의 천제는 모두 생업의 결실을 하늘에 감사드리는 나라 잔치였다. 결실을 기뻐하는 마음에는 태평함을 비는 소원과 염원이 함께 담긴다. 이와 같은 제천의식에는 사람뿐만이 아니고 제사를 받는 신격을 함께 모심으로써 인간과 신이 함께 어우러지는 잔치 마당이 되는 것이다. 기원과 감사의 뜻을 담는 잔치 풍속의 맥락은 2,000여 년이 지난 오늘날에도 산신제 · 풍어제와 같은 마을 공동 잔치로 계승되어 지금까지 행해지고 있다.

산신제나 풍어제는 마을의 공동 행사로서 모든 절차를 마을 사람들이 함께 모여 결정하였다. 그를 위해 선출된 제사장은 모든 사람들이 섬겨 받들면서 정해진 신성 기간(神聖期間)을 철저하게 엄수하였다. 이런 민속은 신성을 믿어 의심치 않고 경우를 밝혀 살려는 우리 민족의 법속인데, 경건한 제사 행위를 마치면 온 마을 사람들이 모여 신명나게 잔치를 연다. 즐겁고 신나지 않은 잔치는 잔치가 아니다. 여기서 우리 민족의 풍류 정신이 발전했다.

잔치는 모이는 사람 · 장소 · 옷차림 · 음식차림 · 연주와 가무 등 몇 가지가 하나의 구성체로 어울려 성립되며, 특히 잔치에서 벌어지는 노래와 춤은 잔치의 격을 좌우하고 흥을 조절하여 좋은 어울림으로 이끈다. 앞에서 잔치의 기원을 고대 사회의 하늘에 올리는 제사에서 찾아보았지만, 우리 개인의 삶을 돌아보더라도 한평생을 지나는 마디마디에서 수많은 잔치를 거치기 마련이다. 출생을 축하하는 잔치를 시작으로 성인이 되면 혼인 잔치가 있고, 노년에는 장수를 축하하는 수연 잔치, 부부가 해로하여 60년이 되면 회혼 잔치가 있다. 성장하는 과정에서 맞는 잔치들은 각오와 희망을 새롭게 하며, 늙어가면서 맞이하는 잔치는 지난날을 감사하고 마음을 다잡는 좋은 계기가 된다.

또한 우리나라는 춘 · 하 · 추 · 동의 계절 변화가 뚜렷하므로 농사일을 비롯하여 집안 살림도 제철을 놓치지 않고 관장해야 하므로 연중 행사의 질서가 지켜져 풍속을 이루었고 절기마다 음식을 나누면서 놀이를 하는 세시풍속이 아름답다. 또한 2,000년에 가까운 왕조 시대가 있었으므로 역대 왕조에서 행하는 궁중 연향의 풍속 또한 각별한 격을 갖추어 풍류를 이루었다.

신라의 풍류

풍류는 혹은 풍월이라고도 하는데, 이것은 신라 시대의 화랑도를 가리키는 말로서, 혹은 이를 현묘의 도[玄妙之道]라 하여 풍류 정신으로 풀이하기도 한다. 『삼국사기』에서는 이 풍류의 도를 설명하면서, 도의로 서로 연마하고, 노래와 춤으로 서로 즐기며, 산천을 찾아 노닌다고 했다(「신라본기」 제4, 진흥왕 37년조). 화랑의 풍류도는 신라 사람들이 향가를 숭상함이 오래됐다고 한 음악적 전통과도 이어져 있다. 한민족의 음악은 일찍이 「위지 동이전」에서 영고(迎鼓)의 나라잔치[國中大會]에서 "연일 음주가무했다"고 하여 주목한 바 있고, 고구려의 10월 제사나 백제의 5월제, 10월의 제천 대회에서도 확인되는 전통이다.[1]

통구(通溝)에서 발견된 무용총(舞踊塚)은 고구려 중기의 귀인의 무덤으로, 주실(主室) 동벽에 그려진 벽화 무용도(舞踊圖)는 「위지 동이전」의 기록과 매우 비슷하다. 신라는 현금(玄琴) · 가야금 · 비파의 삼현(三絃), 대금(大笒) · 중금 · 소금의 삼죽(三竹)에 박판대고(拍板大鼓)와 같은 악기를 쓰며 가무를 하였다. 신라의 최치원(崔致遠)의 「향악잡영(鄕樂雜詠)」 다섯 수에 보이는 오기(五伎)는 다섯 가지 탈춤으로, '금환(金丸)'은 금방울을 놀리는 곡예이고, '월전(月顚)'은 난쟁이나 꼽추의 모

1. 김태준, 「화랑과 풍류정신」, 『화랑문화의 신연구』, 1995.

처용무 서재식 사진

습을 하고 선비들의 술잔을 다투는 흉내를 내는 연극이라고 한다. 다음 '대면(大面)'은 큰 가면을 쓰고 하는 탈춤이고, '속독(束毒)'은 쑥대머리에 남색 얼굴을 한 탈춤이라고 풀이된다. 마지막으로 '산예(狻猊)'는 사자춤으로, 서역을 통해서 전해진 연극이 지방에까지 보급되었던 놀이의 풍속을 전해 주고, 이런 탈춤은 도시의 연극이랄 수 있는 '처용무(處容舞)'와는 다른 민간의 놀이 문화의 전통을 보여준다.

고려 팔관회

화랑도 풍월도의 노래와 춤의 전통은 팔관회(八關會)와도 깊은 관련이 있었다. 고려에서는 봄의 연등회(燃燈會)와 가을의 팔관회가 나라의 2대 잔치였는데, 팔관회는 하늘과 명산, 대천과 용신을 섬기는 나라의 제사라 했다. 고려조에 오면 이 팔관회와 관련하여 '풍류'라는 말이 나와 주목된다. 고려 태조는 원년(918) 11월에 신라의 유풍을 이어 팔관회를 매해 거르지 않고 열도록 당부하고 의봉루(儀鳳樓)에서 팔관회를 행하였다. 채색 무대[綵棚] 2개를 50척 높이로 설치하고 윤등(輪燈)과 향등(香燈)을 사방에 달아 장식하고 그 안에서 신라 이래로 공연해 온 검무와 처용무, 다섯 가지 탈춤[五伎]을 연출하는 큰 잔치를 베풀었다.

신라의 팔관회는 화랑이 가무와 백희(百戲)로 용천을 환희케 함으로써 평안을 비는 것이었으므로 부처를 공양하는 연등회와는 성격이 달랐다. 그런 연유로, 팔관회가 고대의 동맹 · 영고와 같은 제천의례와 신라의 팔관회를 통합한 민족적인 수확제 성격을 갖는 제전이 되었고, 세시풍속으로까지 자리잡게 되었다고 해석한다. 고려의 팔관회는 유교를 숭상하던 성종대에는 한때 폐지되었으나 현종대에 다시 부활한 후로 근 130여 년간 성황을 이루었다. 그러나 몽고 침입 이후로 주춤하다가

공양왕 3년(1391)에 베푼 팔관회를 마지막으로 폐지되었다.[2]

조선의 궁중 연향 음악

조선 초의 궁중 연향 음악은 고려에서 전래한 향악과 당악이 주가 되었지만, 건국의 토대가 잡히면서 새로이 향악을 창제하였다. 세종대 중기에 아악을 정비하고 후기에 신악을 창제하면서 연향에서 아악의 연주가 월등하게 많아졌다. 세종 15년(1433) 정월에 행한 회례연에서는 잔치의 절차가 24차례로 나뉘는데, 아악 연주가 14번이고 이 외에 신악정재 · 향악정재 · 당악 등이 섞인다.[3] 아악을 창제한 후로 약 300년 가까이는 단아하고 맑은 아악이 연향에 많이 등장하다가 이후로는 제향 음악으로 정착하였다.

그리고 세종대에 창제한 향악곡인 여민락(與民樂) · 치화평(致和平) · 취풍정(醉豊亭)과 같은 악무(樂舞)가 공 · 사연에서 적극적으로 많이 쓰였다. 여민락은 「용비어천가」의 한문 가사를 관현 반주에 맞추어 부르는 노래이고, 치화평과 취풍정은 「용비어천가」의 국한문 가사에 맞추어 부르는 노래이다.[4] 조선 후기는 우리 향악에다 당악의 요소가 어울린 향당교주(鄕唐交奏)란 악곡인 만수무(萬壽舞) · 경풍도(慶豊圖) · 헌천화(獻天花) · 보상무(寶相舞) · 심향춘(沈香春) 등 30여 곡이 창제되어 많이 쓰였다.[5]

2. 이두현, 『한국사 21』, 무용과 연극, 494~500쪽, 1996, 국사편찬위원회 간.
3. 김종수, 『조선시대 궁중연향과 여악 연구』, 121~123쪽, 1996, 민속원 간.
4. 송방송, 『한국사 21』, 음악, 413~414쪽, 1996, 국사편찬위원회 간.
5. 김종수, 「조선시대 궁중 연향과 여악 연구」, 125~139쪽, 민속원 간; 김종수, 『조선후기 궁중연향 문화』 권1, 한국정신문화원 편, 2003 민속원 간.

무신년진찬도 중 통명전진찬도 악공 부분 국립중앙박물관 소장

이런 공식적 연주 내용에서도 알 수 있듯이 조선 시대 궁중 중심의 잔치에서는 풍류가 반드시 따랐고, 궁중 잔치의 풍류는 장악원(掌樂院)의 전문 악공들이 맡아 연주했다. 궁중 밖의 민간 양반 귀족들의 잔치에는 창우(倡優)와 광대 같은 직업 연예인들이 연주했고, 조선 후기로 내려오면 현악은 양반층, 관악이나 재주는 중인이나 재인(才人)이 주로 연주했다. 이때는 특히 중인 출신의 가객들이 나와서 시조(時調)나 창을 했고, 18세기 이후 판소리의 유행은 잔치 문화를 문학과 예술의 경지로 이끌고 갔다. 따라서 조선 후기가 되면, 민간의 풍류로서 음악 문화는 잔치 석상에서 직업적 예인으로 광대 재인들이 연주를 담당하는 경우와 본인들 스스로가 악기를 연주하고 노래하며 즐기는 풍류로 나

뉘어졌다. 조선 후기의 선비 송만재(宋晩載)가 쓴 「관우희(觀優戱)」라는 장시에 따르면, 과거에 합격한 아들에게 삼일유가(三日遊街)의 판소리 잔치 대신에 판소리 열두 마당의 공연을 구경한 시를 써서 축하한 모습을 보여준다.

* 거문고 · 통소 · 비파의 명인 김성기 이야기

조선 후기까지 이어진 민간의 풍류 정신은 비파의 명인 김성기의 이야기 속에 잘 나타나 있다. 거문고 악사 김성기는 애초에 상방(尙房)에서 활을 만드는 궁인(弓人)이었다. 성품이 음률을 좋아하여 공방에서 활 만드는 일은 하지 않고 음악가 왕세기(王世基)를 따라다니며 거문고를 배웠다. 정교한 연주법을 터득하자 드디어 활 만드는 일을 그만두고 거문고를 전공하여, 악공들 가운데 솜씨 있는 자들은 모두 그의 문하에서 나왔다. 또 퉁소와 비파도 다룰 줄 알아 모두 오묘한 경지에 이르렀다. 그는 스스로 새 곡조를 만들었는데, 그의 악보를 익혀 이름을 낸 사람도 많았다. 이어 김성기의 새 악보가 서울에 유행하게 되었다.

사람들이 집에다 손님을 초청해서 잔치를 베풀 때면 아무리 예인(藝人)들이 가득해도 김성기가 없으면 험으로 여겼다. 그는 집이 가난해도 허랑하게 놀고 지내서, 처자는 추위와 굶주림을 면치 못했다. 늘그막에는 서강(西江)가에 살면서 작은 배를 한 척 사서 낚싯대로 고기를 잡아 생활하며 스스로 호를 조은(釣隱)이라 하였다. 밤에 바람이 자고 달빛이 밝으면 강 가운데로 노를 저어 나가서 퉁소를 꺼내 서너 곡을 불곤 하였다. 강가 언덕에서 그 소리를 듣던 사람들이 차마 떠나지 못하고 서성대었다.

거문고

퉁소

향비파

국립국악원 사진

궁노(宮奴) 목호룡(睦虎龍)이란 자가 고변하여 큰 옥사를 일으켜 신하들을 죽이고 공신(功臣)이 되어 군(君)에 봉해졌는데, 그 기염이 대단하여 사람을 괴롭혔다. 호룡이 일찍이 제 패거리를 잔뜩 모아 술판을 벌리고는 안마(鞍馬)를 갖추어 예를 차려 김금사(金琴師)를 초대했다. 그러나 김성기는 병을 핑계로 가지 않았다. 심부름꾼이 여러 패 다녀갔지만, 김성기는 여전히 누워 꼼짝도 하지 않았다. 호룡이 길길이 뛰며 협박을 하였다.

"오지 않으면 장차 네게 큰 욕을 보이리라."

김성기는 마침 손님과 더불어 비파를 뜯다가 그 말을 전해 듣고 벌컥 성을 내며 심부름 온 자에게 비파를 던지며 꾸짖었다.

"돌아가 호룡에게 전해라. 내 나이 일흔이다. 어찌 너를 두려워하겠느냐? 네가 고변을 잘 한다 하니, 또 나를 고변해 죽여 보아라."

호룡은 그 말을 듣고 기가 죽어 모임을 파하고 말았다. 이후부터 김성기는 성 안에 들어가지 않았고, 남의 집에 가서 연주하는 일도 드물었다. 그러나 혹 마음에 맞는 사람이 강가로 찾아오면 퉁소를 불며 즐기곤 하였다. 하지만 역시 몇 곡조에 그칠 뿐이었고 흥청거리며 노는 일이 없었다.

나는 어려서부터 김금사의 이름을 익히 들었다. 언젠가 친구 집에서 그를 본 적이 있는데, 수염과 머리가 하얗게 세었고 어깨뼈가 앙상하게 솟아나 있었다. 숨을 헐떡이며 기침 소리가 끊이지 않았다. 억지로 비파를 잡고 영산곡(靈山曲)의 변치(變徵)를 뜯게 하자, 좌중 사람들이 슬퍼하며 눈물을 떨구었다. 비록 죽음을 눈앞에 둔 노경에도 손끝의 묘기가 사람을 이처럼 감동시켰던 것이니, 한창때의 조예를 짐작할 만하였다.[6]

잔치와 음식 문화

고대의 나라 잔치가 "연일 음주가무했다"고 하는 데서도 알 수 있듯이 잔치는 가무와 함께 연일 음주하는 음식 문화가 당연히 일체가 되어 있었다. 그런데 상고로부터 하늘에 제사하는 제천 의식과 나라 잔치에서 연일 음주가무하였다는 것은 즐기기보다는 먼저 하늘에 제사하고 하느님과 일체를 이루는 신내림의 체험을 중시했다는 의미로 보인다. 그 풍속의 유풍은 오늘날의 무속에 남아 있고, 이렇게 신령과 교제하는 방식이었던 노래와 춤과 음복(飮福)이 후대로 내려오면서 사람들과 서로 즐기고 사귀는 풍류로 되었다.[7]

앞에서 본 팔관회의 경우는 소회(小會)와 대회(大會)로 나누어 거행하는데, 반드시 차를 올리고 음식이 따랐다. 왕이 자황포(주황색 포) 차림으로 연회장에 나오면 교방 악대가 풍악을 시작하고 왕이 자리에 정좌하면 그치는데, 이 때 향로에서는 향이 타오른다. 태자와 귀족, 재상과 추밀관 이하 참석한 사람 모두가 차례로 배례한 다음 차를 드리는 진차(進茶)를 한다. 왕이 차를 들고 나면, 태자가 왕께 헌수(獻壽)의 예를 드리고 음식을 올린다. 헌수할 때 왕이 술잔을 들면 천온향(天醞香)을 연주하고 헌선도(獻仙桃)를 바치는데, 18명의 무희가 춤을 춘다. 왕은 헌수를 세 번 받은 다음에 태자 이하 모두에게 술을 들도록 권하고 참석한 사람들이 서로 술을 권하면서 마신다.

이때에 태자 이하 모두에게 음식이 나온다. 연회의 주흥을 위해서 가

6. 劉在建, 『이향견문록(異鄕見聞錄)』, 이상진 해역, 자유문고 간.
7. 김태준, 앞의 글.

통명전진찬도 중 포구락 · 헌선도 · 무고 부분　국립중앙박물관 소장

무가 따르고, 전각 위에서는 16명이 수연장(壽延長)을 추는 등 연회가 무르익는다. 연회가 진행되는 사이사이에 근시관(近侍官)과 참석자가 절차에 따라 왕께 술을 올리고, 왕은 태자 이하 참석자에게 특주를 내리고, 음식도 여러 차례 나온다. 그 때마다 무고(舞鼓) · 동동(動動)과 같은 무악기(舞樂伎)를 비롯하여 만년가 · 오관산과 같은 노래가 이어진다. 대회 잔치도 같은 절차로 거행하고 왕은 팔관회를 축하하고 노고를 치하하여 꽃과 봉약주과(封藥酒果) · 포육(脯肉) 등을 하사한다.[8] 이색(李穡)의 시 「산대잡극(山臺雜劇)」에 가무백희를 다음과 같이 읊었다.

> 5색 비단으로 장식한 산대(채붕)의 모양은 봉래산과 같고 바다에서 온 선인이 과일을 드린다. 악을 울리는 북과 징소리는 천지를 진동하고 처용의 소맷자락은 바람에 휘날린다. 솟대쟁이는 긴 장대 위에서 평지와 같이 재주를 부리고 폭발하는 불꽃이 번개처럼 번쩍인다.[9]

한편 연회와 음식의 관계를 신라 31대 신문왕 3년(683)에 왕비를 맞이하는 혼례의 경우에서 보면, 납채(納采)로 보낸 폐백(幣帛)이 15수레이고, 쌀 · 술 · 기름 · 꿀 · 장 · 시 · 포 · 해가 135수레였다고 한다. 납채의 내용이나 왕이 행차하였을 때의 가무의 모습으로 미루어 궁중 잔치에서 음악과 가무가 성대했음을 짐작하고도 남음이 있다.

8. 『고려사』 71, 志 권25, 樂2.
9. 『목은시고(牧隱詩藁)』, 권33: 송방송, 『한국사 21』, 음악, 490~491쪽, 1996, 국사편찬위원회 간.

Ⅱ.
잔치의 종류

공동체 잔치

궁중 잔치

통과의례 잔치

명절 잔치

법성포 단오 용왕제   이만수 사진

공동체 잔치

마을굿

마을이란 인간의 삶이 한정된 공간이며, 공동체의 바탕이다. 그 안에서 서로 다른 연령층, 혈연과 비혈연, 반상(班常)이 어우러져서 살아간다. 한정된 공간에 모여 살므로 기쁜 일 어려운 일이 모두 남의 일만은 아니다. 더욱이 농사를 짓고 고기잡이를 하는 생업은 여러 사람의 힘과 지혜가 모아질수록 모두에게 좋은 결실을 가져다준다. 그래서 농촌이나 어촌 마을들은 대를 이어 체험한 지혜를 모아 상호부조하는 법속과 규범을 만들어 놓았다. 즉 마을 계를 조직하여 관혼상제 행사를 돕고, 마을 공동의 행사에 대비한다. 농촌은 2월 노비일, 7월 호미씻이와 같은 농경 관행을 만들어 함께 지키고, 마을 청년들의 '두레'가 농사일을 비롯한 크고 작은 행사를 이끌어 활력을 높인다. 이러한 관행과 법속은 마을의 질서와 평화를 위한 공동 운영 논리이고 마을 문화의 바탕이 된다.

조선 전기의 학자인 성현(成俔, 1439~1504)의 『용재총화(慵齋叢話)』에서 언급한 '향도(香徒)'에 관한 기록은 마을 공동체에 관한 좋은 보기이다.

> 지금은 풍속이 날로 야박해지고 있지만, 오직 향도만은 아름다운 풍속을 간직하고 있다. 대체로 이웃의 천인들이 모여 회합을 가지는데 적으면 7, 8, 9인이고 많으면 100여 인이 된다. 매달 돌아가면서 술을 마시고, 초상을 당한 자가 있으면 같은 향도 사람끼리 상복을 마련하거나 관이나 횃불이나 음식을 마련해 주며, 혹은 상여 줄을 잡아 주거나 무덤을 만들어 주며 모두 시마복(상복)을 입으니, 이는 참으로 좋은 풍속이다.

향도는 조선 후기의 사회 변동과 더불어 두레 노동 조직이 확산되는 것과 함께 신앙과 노동이 중층적으로 엮이는 대동굿의 토대를 마련하는 공동체로 바뀌어 갔다.[10]

마을굿은 마을 공동체의 당면한 문제들을 함께 논의하며, 마을의 단합과 평안을 기원하는 제사와 놀이와 회의를 겸한 잔치로서 한 마을 또는 몇 개 마을을 단위로 하여 일정한 때와 장소에서 주기적으로 벌어진다. 전북 지역의 마을굿의 경우, 정초에는 제의 요소가 강한 '산신제' '당산제' '용왕제' 등 제사굿이 중심이 되고, 농번기에는 '두레굿' 등과 같은 '노동굿'이 주를 이루며, 농번기가 끝난 음력 7월 백중 무렵에는 '장원질놀이' '술멕이굿', 겨울 휴한기에는 '보름굿'과 같은 놀이굿을 올린다. 한 해를 마무리하고 새해를 설계하는 섣달 그믐에는 그해 마을의 중대사를 결정하는 '회의굿'이 있고, 겨울철 농한기가 되면 외부의 침략으로부터 마을을 보호하는 '도둑잽이굿'과 같은 '군사굿'을 행한다. 이것은 역사적으로 볼 때 부족국가 시대 마한의 '나라굿' '고을굿'

10. 주강현, 『굿의 사회사』, 1992, 웅진출판 간.

'마을굿' 의 모습을 함께 보여주는 대동굿으로서, 곧 마한의 54개 고을 주민들이 5월 파종기와 10월 추수 뒤에 하는 소도(蘇塗) 중심의 '오월제' '10월제' 의 전통과 이어진다고 할 수 있다.[11]

산신굿

'마을굿(동제)' 은 통칭이고 고장에 따라 이름이 다른데 서울 경기도는 도당굿, 강원도는 성황굿, 경상도 지방은 골맥이굿, 호남 지방은 당산굿이라고 한다. 어느 굿이나 천신 숭배(天神崇拜)에 기원을 둔 산신제로 민속놀이의 하나이며, 긴 역사를 지닌 우리 잔치 문화의 한 흐름이다. 마을굿은 치르기에 앞서 며칠 동안을 신성 기간으로 정하여 금기가 많은데, 이런 풍속은 정화(淨化)의 계기가 된다. 조선 시대 이후로는 동제도 유교식 제사를 먼저 하고 뒤에 무당이 굿판을 벌인다. 유교 제사의 음복 절차가 끝나면 마을 사람들이 모여 한바탕 잔치판을 벌이는데 남녀노소 구별 없이 모두가 참여하여 화목과 단결을 과시한다. 잔치마당에서는 가면놀이를 많이 하는데 가면놀이의 근원이 동제에 있다는 견해도 있다. 근래에 이런 성격이 많이 변형되고 희석되었는데 현대에 와서는 신앙성보다는 축제성으로 기울면서 활발하게 복원되고 있다.[12]

산신굿의 절차

제사 당일날에 마을을 상징하는 동기(洞旗)를 앞세우고 농악을 울리면서 마을 사람들이 모여 흥겨운 분위기로 산신당으로 가서 깃발을 꽂

11. 김월덕, 『한국 마을굿 연구』, 2006.
12. 『한국민속의 세계』 권5, 105쪽, 2001, 고대민족문화연구원 간.

농악놀이 강진신 사진

는다. 이 공동의 마을 제사를 위해 제삿날 전에 마을의 두레가 농악을 울리며 집집을 돌면서 비용을 추렴한다. 마을 사람들이 모여 제사를 담당할 제관과 참석할 원로를 뽑는다. 제물은 제사를 주관하는 제관의 집에서 준비하고 제수의 기본 품목은 제주(술) · 한과와 생과 · 편(떡)과 식혜 · 포 · 나물 등이다.

선출된 제관은 물론이고 마을 사람 모두가 부정한 일이 없도록 근신을 하는데, 2~3일 전부터는 우물까지 폐쇄하여 제례에 쓰이는 물을 정결하게 지킨다. 모두가 한마음으로 신에 대한 믿음과 금기를 지킴으로써 공동 제의의 의미가 극대화되고 마을 사람들은 일체감으로 단결한다. 제사가 끝나면 참석한 사람들이 음복 절차를 거친다. 음복(飮福)은 신과 살아 있는 사람의 합체를 의미한다. 이날은 제관들의 음복 절차로 마감하고 다음날 마을 사람들이 모여 제물을 안주삼아 술을 마시고 농악을 울리며 춤을 추고 놀면서 잔치판을 벌인다.[13]

풍어제

바다를 생업의 현장으로 삼는 어업은 풍어의 여부를 예측할 수가 없다. 그뿐 아니라 바다의 변화무쌍한 기후로 인해 재해에 직면하는 일이 허다하다. 인력으로 어쩌지 못하는 어려운 일들을 겪으면서 자연히 신에게 빌고 의지하는 마음이 생기게 되고 이에 따른 행사도 많아진다. 우리나라 어촌의 풍어제로 널리 알려진 것은 동해안 별신굿, 남해안 별신굿, 서해안 대동굿, 위도 띠배놀이 등이다. 대동굿은 황해도 어촌을 중심으로 행해져 온 굿으로, 고대의 나라굿의 전통을 이으면서 특히 춤과 탈춤, 각종 놀이가 어우러진 독특한 형태의 마을굿이다. 어촌에서 지내는 별신굿도 전날밤 자시에 유교 제의를 행하고 다음날 날이 밝으면 무당이 사제하는 굿거리가 진행되는데 서해안 대동굿은 역사가 길고 규모가 크며 축제성이 뛰어나다. 행사는 신을 모신 당산에서 시작하여 마을의 여러 집과 바닷가가 모두 굿판이 되어 3~5일간이나 계속되는데 그 내용은 다음과 같다.

굿당 설치

신당 앞마당에 네 기둥을 세우고 지붕을 덮어 여러 신을 상징하는 깃발 12개를 꽂고 선주들이 각각 자기 배의 뱃기를 세워 굿당을 설치한

13. 『한국민속의 세계』, 권5, 110~111쪽; 권9, 153~180쪽, 2001, 고대민족문화연구원 간.

다. 뱃기를 통해 신의 가호가 내린다고 믿으므로 선주는 이 모든 일을 엄숙하게 행한다. 굿을 행하는 날에는 마을의 동기를 앞세우고 거상장단(큰 잔치에서 풍류와 가무로 풍악을 울리는 것)을 치며 굿당으로 오른다. 이로써 마을 공동의 본 굿이 시작되는 것이다. 굿당의 행사가 끝나면 집집을 돌아다니며 각 가정의 안녕과 풍어를 빌어 준다.

강변 용신굿

마을의 각 집을 돌고 나면 바닷가로 나와 바다에서 희생된 망혼을 위로하는 '강변 용신굿'을 한다. 이때에는 간단한 제물과 무명 한 끝을 준비하고 남녀가 모두 나와 바닷가에다 각각 제물상을 차려놓으면 무당이 그 앞에서 합동 굿을 한다. 굿의 마지막에 수수깡으로 배를 만들어 그 안에다 제물을 싣고 장대로 밀어 배를 멀리 떠나보내는 '띠배보내기'를 한다. 배 안에는 여러 가지 색깔의 깃발과 굿당에 올렸던 쇠머리 · 떡시루 · 닭 한 마리를 담고 각 집에서 차린 제물도 조금씩 싣는다. 이것은 띠배가 떠도는 영혼과 마을의 액을 모두 싣고 멀리 떠나가라는 뜻이다. 배가 멀리 나갈수록 마음이 놓인다 하여 배가 두둥실 바다 위에 뜨면 마을 사람들은 계속 술을 따라 올리며 평안과 풍어를 빌면서 절을 한다.[14]

온 마을이 신명나는 잔치 마당

며칠씩 굿이 계속되는 동안 온 마을은 장군기와 뱃기, 굿당에 꽂았던 지화(紙花) 등으로 치장을 하여 울긋불긋 화려하다. 징 · 태징 · 제금 ·

14. 한효길, 『한국의 풍어제』, 12쪽, 대원사 간.

위도의 띠배 이만수 사진

장구 · 호적 · 소라 등이 무당굿거리를 연주하면 음악이 지축을 울리면서 마을은 신명에 들뜬다. 중간중간에 뱃동사(선원)들이 부르는 흥겨운 노랫가락도 구성지게 퍼진다. 자기 배의 뱃기를 먼저 꽂으려는 뱃기 경주도 있고, 굿 사이사이 여기저기에서 술과 음식을 차려놓고 마음껏 먹고 마신다. 염원도 간절하고 축제성도 거창한 잔치판이다.[15]

제주도 영등제

태풍과 해일은 해안 지역에서 가장 무서운 하늘의 재앙이다. 그러므로 섬이나 어촌 지방에서는 바람신[風神]을 '영등할머니' 라 하여, 바람

15. 『한국민속의 세계』, 권1. 577쪽; 권5. 116쪽, 2001, 고대민족문화연구원 간.

이 잠잠하기를 비는 행사를 한다. 제주도는 태풍의 위험이 가장 많은 곳이어서 2월 초부터 여러 날에 걸쳐 무당이 사제하는 영등제를 큰 굿판으로 벌인다.

굿은 먼저 영신(迎神) 절차를 시작으로 진행된다. '영신' 은 신을 반갑게 맞이한다는 뜻으로 12개의 막대에 마령을 달아 장식을 꾸민다. 제물은 밥 · 떡 · 과일과 앞바다에서 잡은 어물, 채소 · 술 · 골감주, 무명 한 필, 초와 향, 굿의 끝판에 바다에 띄우기 위한 6척 길이의 짚으로 만든 배(또는 나무로 만든 배)를 준비한다. 영등제의 신이 다섯 분이므로 5개의 쟁반에 음식을 진설한다. 먼저 집사가 북 · 징 · 설쇠를 한꺼번에 치면서 우렁차게 굿의 시작을 알리면 무당은 이때부터 밤낮으로 축원을 올린다. 영등제는 제주도민의 기복을 비는 굿으로 7~8일간에 걸쳐 행해진다. 마지막에는 마을 사람들이 모두 모여 짚으로 만든 배를 띄우며 모든 액이 배에 실려 멀리멀리 떠나가기를 빈다.

단오제

오월 단오(端午)는 조선 중종 13년(1518)에 설날 · 추석과 함께 나라의 3대 명절로 꼽히던 잔칫날이다. 강릉의 오월 단오제는 명절 축제라기보다는 대관령 산신을 모시는 관민 공동 신앙제로서의 의미가 더 크다. 유네스코 세계무형문화유산으로 지정된 강릉 단오제는 관과 민이 합동하여 토속 제의와 유교식 제사를 올리고, 관노가면극(官奴假面劇) · 씨름 · 그네뛰기 · 고싸움과 같은 전통 놀이를 행한다. 풍악과 춤, 그리고 제례 음식과 향토 음식 등 많은 요소가 어우러지는 큰 잔치이다.

국사서낭과 산신 영신굿

3월 20일에 산신제에 쓸 술을 빚어 담근다. 4월 1일에 이 술을 거르고 멥쌀 3되 3홉으로 백설기를 쪄서 시루째 들고 대관령 국사서낭당으로 가서 국사서낭과 산신을 맞이하는 영신굿[迎神祭]을 행한다. 무녀가 산신당 가까운 곳에서 신내린 나무를 베어 액막이 절차를 벌인다. 산신굿이 끝나는 대로 남자 무당이 신내린 나무를 들고 강릉에 있는 국사여성황당으로 가서 남서낭과 여서낭의 결합 의식을 행한다. 5월 3일에 여성황당에서 영신굿을 행한다. 이 영신굿을 시작으로 강릉 단오제 잔치의 막이 오른다. 이때 영신 행렬이라 하여 농악대가 제관과 무당들을 앞세우고 관대와 신내린 나무를 받들고 단오 장터로 가서 나무를 꽂아 놓는다. 이 절차는 신과 함께 굿의 막을 여는 상징이다.

여성황제 절차인 영신 행렬을 시작으로 장터는 풍악과 춤 · 소리 · 가면극 등 각종 놀이와 음식이 가득한 잔치 마당으로 변한다. 남녀칠세부동석이란 풍습에 매여 있던 조선 시대의 청춘 남녀도 단오날만큼은 잔치판에 끼여 서로 눈길을 주고받는다.

관노가면극

강릉 단오제 때에 벌이는 대표적인 놀이 중 하나가 관노가면극이다. 1967년에 무형문화재로 지정된 관노가면극은 가면을 쓴 등장 인물 6인, 무당 15인, 서낭대 기수 · 악사 40여 인, 횃불 드는 사람 4인 등 많은 인원이 각각 지정된 화려한 복색을 하고 출연하며, 그 내용도 10과장에 이르는 성대한 무극(舞劇)이다.[16] 이와 같은 가면극은 고대 제의 의

16. 윤덕인, 「강원도 민속제의의 제물에 관한 연구」, 『비교민속학』 제30호, 440~448쪽.

관노가면극놀이 서재식 사진

식과 관계가 있는데, 고대 제의가 하늘에 미치는 신명으로 신앙성과 축제성을 함께했던 것임을 상기하게 한다.

두레굿

마을굿이 분화하면서 노동굿과 일굿이라는 성격이 강화된 마을굿을 특히 두레굿이라고 한다. 두레는 중부 · 남부 논농사 지역에서 마을 사람들이 협력하여 농사를 짓거나 길쌈을 하는 공동 노동 조직을 가리킨다. 남자들의 두레는 주로 모내기나 김매기와 같이 짧은 기간 동안 대규모의 노동력이 필요할 때 품앗이로 이루어졌다. 두레는 또한 줄다리기 · 홰싸움 · 편싸움 등 집단 오락에서도 큰 몫을 하였다.

농경 생활은, 목초지를 찾아 이동하는 목축민과는 달리 상호부조를 기본으로 삼아 왔다. 특히 벼농사는 논에 물이 고인 짧은 시기에 모심기를 서둘러야 하고 한여름 뙤약볕 아래서 김매기 작업을 해야 하므로 일손이 많이 필요한 공동 작업이다. 이럴 때 두레 관행으로 농사일을 적기에 해낼 수 있었던 것이다. 두레는 고대 부족사회에서 연유한 것인데, 특히 조선 중기 이후 모내기의 전면 파급과 농촌 사회에 변동이 있으면서 두레 관행이 크게 성행하였다. 두레는 농번기 공동 작업은 물론이고 관혼상제를 비롯한 여러 행사에서 마을의 중론을 이끄는 데도 크게 기여하였다. 두레의 구성원은 청장년층인데, 그 마을의 문화를 이끌어 가는 주체로서 마을 공생(共生)의 동력이라 할 수 있다. 두레에는 농사두레 · 길쌈두레 · 두레풍장 등이 있다.

일꾼날

두레의 발달과 함께 일꾼들에 대한 대접과 놀이가 크게 주목을 끌게 되었다. 농촌에서는 음력 2월 1일을 일꾼날(머슴날, 또는 노비일)로 정하여, 앞으로 가을 추수때까지 힘든 농사일을 해야 하는 일꾼들에게 술과 음식을 푸짐하게 대접하고 격려하는 잔칫날로 삼았다. 술은 보통 막걸리이고 음식은 여러 가지를 준비하지만 반드시 있어야 하는 것이 멥쌀가루를 익반죽하고 검은 콩으로 소를 넣어 크게 빚은 송편이었다. 이 떡을 일꾼들 나이순대로 나누어 주었는데 나이 든 일꾼들의 노고가 그동안 컸음을 알리고 그 노고를 치하하는 뜻이 담겨 있다. 이 송편에는 반드시 정월 대보름날 마당에 세워 두었던 낟가릿대의 곡식을 함께 섞어야 하는데 풍농을 비는 의미였다.

머슴날에 행하는 또 한 가지 잔치가 미성년인 일꾼의 성년 입성 의식

(成年人成儀式)이다. 일꾼 중 성년이 된 사람에게 '돌 들기' 라는 시험을 치르게 하는데 매끈매끈하고 무거운 돌을 들게 하여 합격하면 이후부터 성인 대우로 품앗이를 할 수 있었다. 어려운 관문을 통과하여 성년으로 인정받게 된 사람은 술과 음식으로 크게 한턱을 낸다. 공개적인 잔치로 성년식을 풀어나가는 이런 관행을 통해 농촌 사회의 질서와 평화가 지켜졌던 것이다.

호미씻이

호미씻이는 두레의 가장 큰 잔치로, 농민 축제의 연중행사 중 하나이다. 정월이면 마을 사람들이 농청(農廳)에 모여 두레의 임원을 선출하고 일의 순서를 계획하는데, 이 날 각자의 호미를 한 개씩 농청에 걸어두는 대동 의식으로 호미모듬과 호미걸이가 있다. 호미모듬은 두레의 시작을 알리는 잔치로서 이날 걸어둔 호미는 2월 초 일꾼날까지 그대로 둔다. 농사가 시작되면 파종 · 모내기 · 김매기 등으로 농번기때 일을 돕고, 음력 7월이 되면 한숨을 돌리게 되는데, 이때에는 호미를 씻어 거는 행사를 한다. 이 날 그간의 노고를 치하하는 잔치를 하는데, 술과 떡 · 지짐개와 같은 음식이 푸짐하게 차려진다.

두레풍장

두레풍장은 징과 북으로 풍장을 울리며 일의 고단함을 잊고 노동을 신바람나게 이끄는 두레꾼을 말한다. 대체로 사물 4인, 법고 3인과 농기를 드는 4인으로 구성된다. 공동 작업이 있는 날이면 두레꾼들은 새벽부터 모여 '농자천하지대본(農者天下之大本)' 이라고 쓴 농기를 앞세우고 풍장을 울리며 일꾼들을 논으로 이끌고 간다. 두레풍장은 일손의

세시풍속도 중 두레풍물　이한철. 19세기. 동아대학교박물관 소장

속도를 가늠해 주고, 술참이 오고 들밥이 오는 때, 참을 먹으며 한숨 돌리는 때를 알려주면서 노동요와 풍장으로 잔치 분위기를 돋군다. 이와 같이 우리 조상들은 두레풍장으로 노동의 피로조차 신명으로 풀어내는 놀이판을 펼쳤던 것이다. 오랜 전통으로 내려오던 풍속이었지만 농사일이 기계화하면서 현대에는 그 자취가 희미하다.[17]

들밥 잔치

농번기 들밥은 하루 3~4번의 참과 식사가 있고 사이사이에 두레풍장의 노래와 풍악이 어우러지는데, 오늘날은 상황이 다르지만 이전의 풍습을 살펴보면 다음과 같다.

점심 시간에 내오는 들밥은 일꾼이 많을 때에는 30~40명에 달하는 분량이다. 그러므로 여인들이 품앗이로 준비를 하는데 여름 음식인데다 분량이 많아서 신선한 재료를 정갈하게 다루어야 한다. 밥은 대체로 보리밥이고 얼큰하게 끓인 찌게와 지짐 · 김치 · 나물 · 풋장아찌 등이 기본 반찬이다.

함지박이나 광주리에 담아 지게로 져 나르는데 음식은 소박해도 정성을 다해서 차리고 푸짐하고 넉넉해야 한다. 강원도에서는 쌀밥을 함지에 담고 따로 팥 · 보리 · 차조 · 수수와 같은 잡곡을 쪄서 함께 내보내면 먹을 때 각자가 임의로 섞어 먹는다. 잡곡 중 팥과 보리 · 차조는 빠지면 안 되는 필수 품목이다.

17. 『한국민속의 세계』 1, 526~527쪽, 617~637쪽, 고대민족문화연구원 간.

참

참이란 식사 시간 외에 간식으로 내오는 음식이다. 새벽 일찍 일꾼들이 모이면 '새벽 참'으로 술을 한잔씩 마시고 두레풍장의 농악에 맞추어 논으로 나간다. 점심 전 9시쯤 오전 참으로 술이 나온다. 감자수제비와 같은 간단한 식사가 술과 함께 나오기도 한다. 강원도에서는 출출할 때가 되어 일꾼들이 「단오리」를 노래하면 논 주인이 참을 내온다. 오후에는 3시쯤에 다시 참이 나온다. 참 때나 식사 때마다 두레가 풍장을 울리면서 피로를 풀어주고 일꾼들도 참참이 일노래를 뽑으면서 흥겹게 어울린다. 힘겨운 노동이지만 일과 놀이, 음식이 어우러져 나름대로 잔치판이 되는 것이 농촌 문화의 한 현장이다. 이러한 농사일은 두레꾼 내부의 단결도 다짐하는 자리가 된다. 모내기 일노래에 다음과 같은 것이 있다.

> ……오늘 낮에 점심 반찬 무엇무엇 올랐던고
> 함경도라 원산고지 마리반이 올랐더라
> 삼가합천 얽은 독에 쌀로 빚은 연약주야
> 샛별 같은 술잔에다 임도 받고 나도 받고……[18]

참으로 마시는 술은 보통 쌀막걸리나 보리막걸리이다. 막걸리는 쌀이나 보리를 쪄서 술로 빚어 알맞게 발효한 것을 여과하지 않고 그대로 뜬 술이다. 알코올 성분은 적지만 맛이 구수하고 열량이 많아서 요기가 되고 피로가 풀린다. 노동할 때 마시기에 가장 좋은 술이다.[19]

18. 임동권, 『한국의 민요』, 207쪽, 1992, 일지사 간.
19. 『한국의 민속세계』 1, 630~635쪽, 고대민족문화연구원 간.

나라 굿

나라 굿에는 무당[國巫]이 궁중에서 왕실의 번영과 평안을 비는 소극적 의미의 굿뿐 아니라, 국가 차원에서 벌이는 제천의식 같은 적극적 의미의 굿이 있다. 후자의 구체적인 보기는 고대 국가 시대의 부여나 고구려에서 벌인 영고나 동맹이 있는데 이 제천의식을 특히 국중대회(國中大會)라고 불렀다. 이 국중대회가 풍년을 기원하고 추수를 감사하기 위한 제사는 물론이고 나라의 일을 결정하는 최고회의의 성격이 강했던 점은 부여의 옛 풍속에 농사가 잘 되지 않으면 임금을 죽이거나 바꾸어야 한다고 했던 데에서도 짐작할 수 있다.

특히 영고를 거행할 때에는 형벌을 중단하고 감옥에 있는 죄수들도 모두 풀어주어, 많은 사람들이 함께 어울려 즐기는 명실상부한 나라 굿이 되었다. 동맹에서는 하늘에 제사를 드리고, 수신(襚神)이라는 나라의 수호신을 맞이하는 굿을 했다고 한다. 수신이나 수로를 제사하는 잔치는 농사가 잘 되게 하고 나라의 안녕을 비는 점에서 나라 굿이었다. 그러나 중세로 접어들면서 그 구실이 크게 줄어들고, 불교와 같은 종교가 중요시되면서 국중대회는 나라 굿 대신에 팔관회와 같은 호국 법회로 바뀌어 갔다.[20]

20. 조동일, 『한국문학통사』 제1권, 「둘째 시대」.

궁중 잔치

고려 시대에 궁중에서 행한 잔치는 가례(嘉禮) · 가례잡의(嘉禮雜儀) · 빈례(賓禮)로 나누어졌다.[21] 가례에는 태후나 왕비 책봉, 왕의 장자 출생, 왕태자의 칭호 설정, 왕태자의 관례 의식, 왕태자의 혼례와 왕세자비 책봉, 공주 혼례와 같은 왕족의 축하 행사가 있었고, 이외에 설날 · 입춘 · 동짓날의 경축 잔치, 백관들을 위한 잔치, 노인들을 위한 잔치, 재상의 임명, 재상 등이 왕에게 뵙는 하례 잔치가 있었다. 빈례는 중국 사신을 위한 잔치이고 가례잡의로는 연등회와 팔관회가 성대하였다. 연등회는 불사(佛事)이고 팔관회는 전래 풍습을 이어 천제 의식을 가미한 것이었다. 잔치에서 연주되는 음악은 신라의 향악과 당악, 송나라에서 들어온 신악(新樂)과 공민왕대 명에서 전래한 아악 등을 썼으며 당시의 속악도 섞어 썼다.[22]

조선 왕조에서는 단오와 추석에 왕이 행차하면 의정부 · 육조에서 진연(進宴)을 하였다. 충훈부(忠勳府)는 사중삭(四仲朔: 2월 · 4월 · 8월 · 11월)에, 종친부(宗親府) · 의빈부(儀賓府)는 매해 두 번씩, 충익부(忠翊

21. 『고려사』지, 제19~23권.
22. 『고려사』지, 제13권, 禮 24권, 樂.

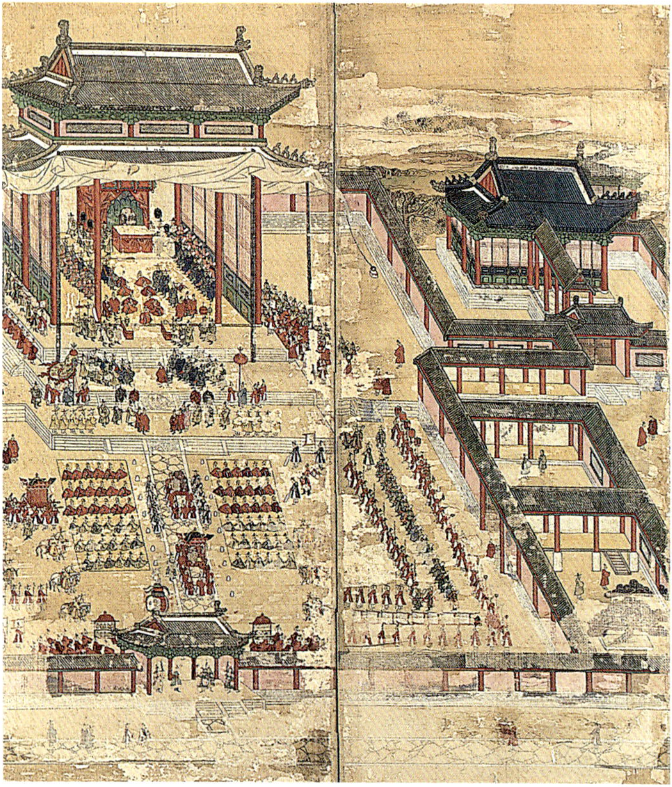

헌종가례도병 중 부분 헌종이 계비를 맞아들여 창덕궁 인정전에서 혼례를 치르는 모습을 그렸다. 보물 제733호. 동아대학교박물관 소장

府)는 매해 한 번씩 진연을 하였다. 해마다 왕과 왕비는 정조(正朝)와 동지에 회례연(會禮宴)을 행하고, 봄·가을로 양로연(養老宴)을 행하였다.[23] 이외에 정조, 동지, 왕과 왕비의 생신 등 여러 경우에 조하의식(朝賀儀式)이 있었다. 대비의 생신, 세자와 공주의 혼례, 왕비·세자비의 책봉 등 크고 작은 많은 잔치가 있었는데, 이러한 잔치의 내용을 상세하고 구체적으로 기록한 여러 편의 의궤가 남아 있어 매우 소중한 자료가 되고 있다. 조선 초기에는 고려에서 전래한 향악과 당악이 많이 쓰이다가 세종대에 창제한 아악이 궁중 잔치에 많이 쓰였다. 후기에 들어오면 아악은 종묘제의 악으로 전용되고 향당교주(鄕唐交奏)와 같은 신악이 만들어져 잔치 음악으로 많이 쓰였다.

고려 왕실의 왕세자비 책봉 의식을 살펴보면 혼례를 치른 왕세자비는 왕과 왕후를 배알한 후에 책봉을 받는다. 왕이 "아무개를 책봉하여 왕세자비로 삼고자 그대들에게 신표를 가지고 예식을 거행할 것을 명한다"고 영을 내리면 책봉 의식을 거행하고 연회를 한다.

책봉 의식

절차에 따라 시중이 조서를 읽고 신표의 보를 풀어 보이는 절차를 행한 다음, 보에 싼 신표를 앞세우고 조서와 인장을 들고 왕세자궁으로 간다. 왕세자궁은 모든 절차를 준비하고 조서가 당도하면 여러 절차를 거쳐 궁정에서 조서 책문을 받고 신표를 받는다. 행사가 끝나면 연회가 있다.

23. 『대전회통』 권3, 禮典, 宴享.

책봉식이 끝나면 조서를 전달한 책사 · 부책사 · 독책관은 휴게소에서 휴식을 취한 다음 연회에 참석한다. 연회의 순서는 먼저 차를 마시고 다음에 술을 돌린다. 술은 8순배 돌고, 음식은 사이사이 새로 차려진다. 잔치 중간에 왕으로부터 꽃과 술이 내려지면, 특사가 직접 꽃을 꽂아 주고 술을 권한다. 왕세자궁에서도 꽃과 술을 보내온다. 연회의 시작과 끝에 연회장에서 초대장의 교환, 감사장의 교환, 고별장의 교환 절차를 집례관이 인도한다. 음악이 절차에 따라 연주된다. 연회는 다음과 같은 순서로 진행된다.

① 왕세자궁 관리들이 대청에 주인 · 책사 · 부책사 · 독책관의 자리를 준비하고 각 자리마다에 과일상을 차린다.

② 주인과 손님이 초대장을 받고 답을 한 다음에 주인이 손님을 안내한다.

③ 집례관이 쌍방의 문안 편지를 집행한다.

④ 차를 마시고 술이 나온다. 먼저 주인이 손님에게 권하고 다음 손님이 주인에게 권하는 순서로 술잔을 돌린다. 집례관이 "음(飮)" 하면 이때 주악이 시작되는데, 끝나면 주악이 끝난다. 술을 돌리고 마시고 할 때마다 이렇게 연주한다.

⑤ 이렇게 술이 도는 사이에 여러 가지 음식이 대접된다. 술이 5순배 돌았을 때, 왕이 보낸 화주사(花酒使: 왕이 내리는 꽃과 술을 가지고 온 특사)가 도착하면, 주인은 문 밖으로 나가 영접하고 손님은 댓돌 아래에서 영접한다.

⑥ 압화사(押花使)가 꽃을 책사 · 부사 · 독책관에게 꽂아 주고 주인에게 꽂아 준다.

⑦ 왕이 보낸 술을 책사 · 부사 · 독책사에게 권하고 주인에게 권한다.

⑧ 왕이 보낸 화주사가 물러나면 음식이 다시 차려지고 주악이 연주된다.

⑨ 술이 8순배 돌면, 집례관이 주인과 손님을 인도하여 인사하고 헤어진다.

⑩ 손님이 휴게소로 가서 한 식경쯤 되면 영선악(迎仙樂)이 연주되고 왕세자궁에서 휴게소로 꽃과 술을 보낸다.

⑪ 주인과 손님이 감사장을 교환하고 인사한 다음 고별장을 교환하고 끝난다.[24]

궁중 연향

조선 왕조의 궁중 잔치는 유교적 예속의 보급과 깊이 관련되어 있다. 『경국대전』을[25] 보면, 궁중 연향에 관한 기록으로 국왕에 대한 연향은 의정부에서 시행하고, 그 밖의 행사는 여러 관부에서 관장하며, 특별히 문무백관을 위한 회례연과 노인을 대접하는 양로연은 국왕과 왕비가 초청인이 되도록 하였는데 다음과 같다.

① 단오 · 추석과 행행(行幸: 왕이 궁궐 밖으로 거동함)할 때와 강무(講武: 조선 시대에 국왕의 친림 아래 거행한 군사 훈련을 겸한 수렵 대

24. 『고려사』지, 제67권, 권21, 예, 9.

25. 『경국대전』: 조선 국초에 經濟六典 · 續六典 · 謄錄 · 敎令 등 법전들이 있었던 것을 7대 임금인 세조가 최항에 명하여 편찬하게 한 법전인데, 예종 원년에 일단 완성하였으나 교정이 필요하여 성종 16년까지 교정을 거듭하였다.

회)를 한 뒤에는 의정부와 육조에서 연을 베푼다.

② 왕세자와 왕세자빈의 생일에 의정부에서 연을 베푼다.

③ 매해 사중삭(음력 2월 · 5월 · 8월 · 11월)에 충훈부(忠勳府: 공신의 관부)에서 연을 베푼다.

④ 매해 한 번 종친부(宗親府)와 의빈부(儀賓府: 부마의 아문)가 연을 연다.

⑤ 매해 한 번은 충익부(忠翊府: 공신의 관부인데 숙종 25년에 충훈부에 합쳐졌음)에서 연을 연다.

⑥ 매해 정초 혹은 동지에 왕이 회례연을 행한다. 왕세자와 문무관이 함께 참석한다. 왕비는 내전에서 위와 같이 한다. 왕세자빈 · 내외명부가 함께 참석한다.

⑦ 매해 가을에 왕은 양로연을 행한다. 대소원인(大小員人) 80세 이상인 자가 연에 참석한다. 왕비는 위와 같은 연을 내전에서 행한다. 대소원인의 처 80세 이상인 사람이 연에 참석한다. 외방(外方)은 수령내(守令內) · 외청(外廳)에서 위와 같은 연을 행한다.

또한 『국조오례의(國朝五禮儀)』를 편찬하여, 나라에서 행하는 의례 절차를 길례 · 가례(嘉禮) · 빈례(賓禮) · 군례 · 흉례의 오례(五禮)로 구분하여 의식 절차의 기준을 설정하였다. 가례와 빈례에 관해서는 조서(詔書) · 칙서(勅書)를 받는 예, 비(妃) · 빈(嬪)을 맞이하고 책봉하는 예를 비롯하여 세자 · 세자빈 · 백관 · 명부의 조하(朝賀) 의식 등이 상세하다. 이 책은 세종 때에 착수하여 성종 5년(1474)에 완성되었다. 조선 왕조가 국초부터 고려 말에 신흥 사대부들이 받아들였던 『주자가례』를 의례 규범으로 시행하도록 강조하고, 태종대부터 과거 시험에 『주자가례』를 보게 하였다. 이러한 배경에서 군신 · 부자 · 부부 삼륜(三倫)에

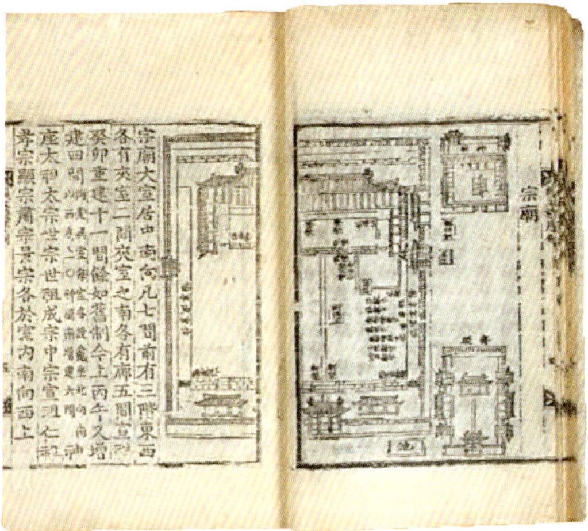

국조오례의

대한 모범서 『삼륜행실(三倫行實)』이 세종 14년(1432)에 나온다. 『국조오례의』 편찬도 시작되었으며 이후로 역대에 행한 조선 궁중 연향은 대체로 『국조오례의』의 기준을 따르고 있다.

의궤(儀軌)

조선 시대 궁중에서는 잔치를 열기로 결정이 되면, 임시로 도감(都監)·실록청(實錄廳)·찬수청(纂修廳)을 두어 잔치를 계획하고 수행하고 정리하게 하였는데, 그 모든 내용을 소상하게 기록하여 남긴 것이 여러 권의 의궤(儀軌)이다.[26] 더욱이 의궤도첩(儀軌圖帖)은 잔치 현장의 장식과 배열, 음식 상차림, 음악과 춤 등 여러 모습을 알려준다.

도감을 설치하면 세 부서가 나누어 진행을 분담한다. 일방(一房)은 장악원이 맡아서 악기 · 풍물 · 전악 · 악공 · 관현 · 정재, 각 차비(差備) · 맹인 · 복식을 담당한다. 이방(二房)은 호조에서 맡아 찬품(饌品) · 기수(器數) · 상수(床數) 등을 정하여 삼사에 나누어 맡긴다. 내자시(內資寺)는 왕과 왕비에게 드릴 큰상 차림과 꽃을, 내섬시(內贍寺)는 여러 신하상의 음식과 미수를, 예빈시(禮賓寺)는 여러 신하들의 음식상을 맡아 한다. 삼방(三房)은 예빈시에서 관장하는데 의주(儀註) · 의장(儀仗) 연습 절차를 관장한다. 잔치의 규모가 크면 이틀 사흘씩 계속된다. 절차마다에 음식이 따르고 음악이 따른다.[27]

진연 · 진찬 · 진작 · 수작 · 곡연

조선 왕조 궁중 잔치를 가리키는 용어로 진풍정(進豊呈) · 진연(進宴) · 진찬(進饌) · 진작(進爵) · 수작(受爵) · 곡연(曲宴) 등 여러 가지가 있다. 조선 궁중 연향을 수록한 의궤는 인조 8년(1630)의 풍정도감의궤를 시작으로 광무 6년(1902) 진연의궤까지 수작의궤 · 진찬의궤 · 진작의궤 등 여러 이름으로 편찬되어 40책이 현재 국내외 여러 도서관에 소장되어 있다.[28] 궁중 연향 용어에 대하여는 연향의 규모에 따라서 구분하는 의견도 있고, 진연이 진찬 · 진작 · 수작 등 여러 용어를 아우른다는 의견도 있다. 곡연은 작은 연향을 말한다. 의궤 권두에는 진연반차

26. 이효지, 『조선왕조 궁중연회음식의 분석적 고』, 9~20쪽, 1985, 수학사 간.
27. 황혜성 외, 『조선왕조 궁중의 음식문화』, 26~28쪽, 한국음식대관 6. 1997, 한국문화재보호재단 간; 김상보, 『조선왕조의궤음식문화』, 259쪽, 1996, 수학사 간.
28. 김영운, 「조선후기 국연의 악무 연구」, 18~19쪽, 『조선후기 궁중연향문화』 권1. 한국정신문화연구원 편. 2003, 민속원 간.

도 · 회작반차도 · 야연반차도 · 익일회작도 · 정재도 · 채화도 · 악기도 · 복식도 등의 그림이 수록되어 있다.

회례연(會禮宴)

『성종실록』 권248(성종 21년 12월)에 "회례연은 1년에 한 번 상하가 상화(相和)하는 예(禮)이다. 다른 연음(宴飮)의 예(禮)와 다르다"고 하고, 『중종실록』 권10(중종 4년 12월)에도 "회례연 군신통연(君臣通宴)"이라고 기록하고 있다. 왕이 신하와 함께 술잔을 나누면서 화합하려는 의도가 강조되고 있다. 회례연은 다음 절차로 진행하였으며 매 절차마다 음악이 따랐다.

① 왕이 연회장에 나와 자리에 앉으면, 왕세자 이하 참석자가 절하는 자리에 나가 4배한다.

② 왕에게 술잔 · 찬안(饌案) · 꽃 · 선(膳)을 올린다.

③ 왕세자가 왕께 제1작을 올리고 치사를 하면, 왕이 술잔을 든다.

④ 영의정이 제2작을 올리고 왕의 교서를 읽으면, 왕이 술잔을 들고 이때 왕세자 이하 모두가 다시 4배를 하고 자리에 가면,

⑤ 가(歌) · 금(琴) · 슬(瑟)을 맡은 여악(女樂)이 나와 왕세자 이하 모두에게 찬탁(饌卓)과 꽃을 드리고,

⑥ 왕께 탕을 올리고, 왕세자 이하 모두에게도 탕을 드린다.

⑦ 왕께 제3작을 올리고, 왕세자 이하 모두에게 술을 드린다.

⑧ 왕과 왕세자 이하 모두에게 술을 제9작까지 탕과 함께 올리고,

⑨ 왕께는 대선(大膳)을 왕세자 이하 모두에게 선(膳)을 드린다.

⑩ 찬안과 찬탁을 물리면 왕세자 이하 배위(拜位)에 나아가 4배를 하

면 왕이 자리를 뜬다.[29]

양로연

양로연은 왕과 왕비가 귀천을 따지지 않고 연로한 노인을 위로하여 베푸는 잔치이다. 조선 왕조가 국초부터 표방한 인본주의 사상의 한 실천 사례로 볼 수 있다. 세종 14년(1432) 8월 27일에 왕이 베푼 양로연에 초대된 손님은 2품 이상 2명에서 천인까지 86명이었다. 왕비가 중궁에서 베푼 양로연에는 2품 이상의 처 14명과 공사천(公私賤)의 노부(老婦) 118명이 참석하였다(『세종실록』 권57, 세종 14년 8월 갑인). 중종 16년에 베푼 양로연에서는 잔치를 거행하고 나서 참석한 노인 174명에게 1자급의 품계를 올리고 천인 44명에게 면포 1필씩을 하사하였다(『중종실록』 권42, 중종 16년 9월). 왕이 자리를 뜬 후에도 노래와 연주를 계속 하도록 배려하였는데, 이를 사악(賜樂)이라 한다. 양로연에 초대된 사람에게는 각 사람마다 한 상씩 외상을 대접하는데, 절차는 왕에게 배알하고 나면 술과 탕 · 음식을 대접한다.

양로연에서는 일반 연회와 달리 노인을 우대한다.

① 참석한 노인들이 왕에게 4배를 하지 않고 "拜一坐再至"로 그친다. 절은 한 번만 하고 앉은 채로 머리를 두 번 숙이는 것이다.

② 술잔 · 탕 · 선을 올릴 때에도 왕과 참석 노인에게 동시에 올린다.

③ 노인들이 전(殿)에 오르려 할 때에는 왕이 일어나 경의를 표한다. 양로연이 끝난 후에 왕은 참석자들이 여흥을 즐기도록 음악을 베푼다.

29. 김종수, 『조선시대 궁중연향과 여악연구』, 65~67쪽, 민속원 간.

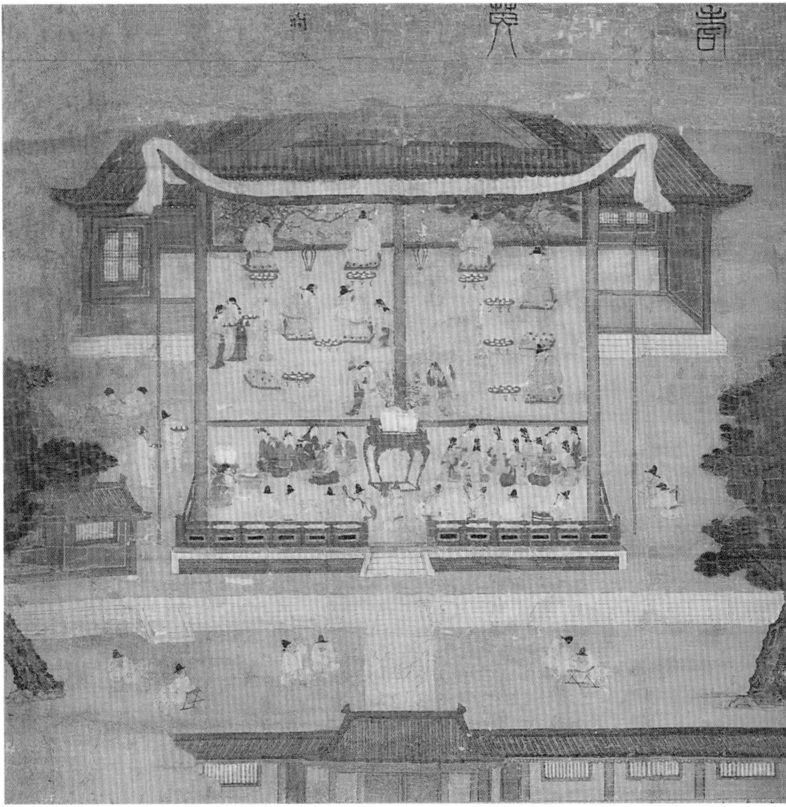

기영회도 70세 이상의 원로 사대부들의 모임. 16c. 국립중앙박물관 소장

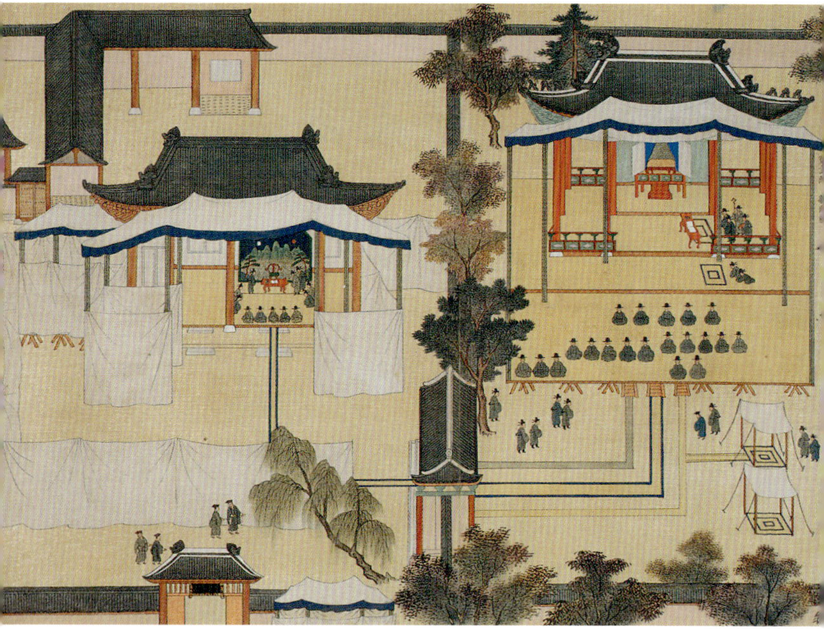

영조의 기로소입소기념화첩 영조가 기로소에 들어가게 된 경사를 기념하여 그린 그림. 국립중앙박물관 소장

통과의례 잔치

인간은 출생하여 영아기를 넘기고 유아기를 지나 초등 · 중등 · 고등 교육과정을 거치면서 성장한다. 성인이 되어 가정을 꾸미고 아이를 낳게 되면 부모로서의 기쁨과 책임을 동시에 느낀다. 일생 동안 이와 같은 여러 절차를 통과할 때마다 새로운 계기를 맞이하는 의미에서 축하 잔치를 하게 된다.

의례는 가가례(家家禮)라고 하듯이 각 집안에 따라 예법과 습관이 다르고, 지방에 따라 한결같지 않으므로 이 책에서 소개하는 통과의례 잔치는 서울을 중심으로 한 일반적인 전통 풍속이다. 오늘날은 산업화, 도시화에 따라 가족 형태가 핵가족화하면서 여러 통과의례가 대부분 사라졌거나 간소해졌고 변형도 많이 되었지만 그래도 전래 관행이 하나의 기준으로 남아 있다.

생일 잔치

아기가 태어나서 백일이 될 때까지는 청결한 환경에서 경건한 마음으로 조심스럽게 보살핀다. 그러다가 백일이 되고 첫돌을 맞게 되면 아기가 탈없이 커준 것을 감사드리고 앞으로도 건강하게 잘 자라도록 격

삼신상

려하는 뜻에서 잔치를 한다.

삼신상과 첫국밥

출생하여 세 이레(3주일) 동안은 아기를 신(神)이 보살펴주는 신성한 기간이라고 믿어 잔치를 삼가한다. 다만 아기 출생 직후에 삼신상(三神床)을 올리는 풍속이 있는데 삼신은 아기를 점지하고 산모와 아기를 보호해 준다는 세 신이다. 『조선여속고(朝鮮女俗考)』에서는 삼은 태(胎)를 뜻하므로 삼신은 태신(胎神), 곧 아기를 점지하고 출산하게 해준 신이라고 해석했다.[30] 삼신상은 건강한 아기를 순산하게 해준 삼신에게 감사하는 마음으로 흰쌀밥과 미역국을 세 그릇씩 차려 산모의 머리맡에 놓아 둔다. 정화수도 떠놓고 흰색 무명 타래실을 놓는 풍속도 있다. 산후의 산모에게 처음으로 먹이는 흰쌀밥과 미역국을 첫국밥이라 하는데 밥은 산모용 곱돌솥이나 놋쇠옹에 짓고 미역국은 간장만으로 맛을 내는 소미역국이다. 미역은 산모의 유즙 분비에 좋은 식품으로 산월이 가까워지면 미리 산모를 위해 장곽을 준비한다. 장곽(長藿)이란 넓고 길쭉한 미역으로, 자르지 말고 통째로 들고 와야 산모에게 길하다고 믿었다.

삼칠일 잔치

아기 출생 후 3주째 되는 날에 흰밥과 미역국 · 백설기로 아기의 무사함을 축하한다. 백설기는 곱게 빻은 흰 멥쌀가루를 시루에 찐 설기떡으로 신성을 뜻한다.

백일 잔치

아기가 출생한 지 100일이 되는 날에 백설기와 붉은 팥고물을 묻힌 찰수수 경단을 만들어 잔치를 벌인다. 백설기는 신성을 뜻하고 붉은색 팥고물은 액(厄)을 쫓는다는 의미가 있는 음식이다. 백일 잔치 떡은 100집에 나누어 주어야 좋다고 하는데, 앞으로 이 아이가 여러분과 잘 어울려 살 수 있도록 보살펴주시라는 의미이다. 즉 어린아이가 사회화하는 첫 단계임을 뜻하는 것이다.

30. 『조선여속고』, 93쪽, 1925, 동양서원 간.

첫돌 잔치

아기가 만 1년이 되는 생일날을 첫돌이라 한다. 첫돌에는 돌상을 차리고 가족과 친지가 모여 돌잡이를 하면서 아기의 재롱을 보고 축하를 한다. 아기 잔치로는 큰 잔치이다. 돌상은 백설기, 붉은 팥고물을 무친 찰수수 경단, 오색 송편, 흰밥과 미역국, 굵은 흰색 무명 타래실, 책과 붓, 활과 화살의 모형, 쌀 · 돈을 놓고 꾸민다. 돌상차림에는 아기가 수명장수하고 문무에 능하고 부귀를 고루 갖추기를 염원하는 뜻이 담겨 있다. 특히 5색의 송편은 성장하면서 오행을 갖춘 사람이 되라는 의미이다. 이렇게 꾸민 상 앞에 어린아이를 앉혀 놓고 상에 차린 것들을 마음껏 가지고 놀게 하는데, 붓을 잡으면 글을 잘 하겠다고 하고, 활을 잡으면 무예에 출중하겠다고 덕담을 하면서 재롱을 본다.

책걸이 잔치

서당에서 공부를 하는 아이들은 『천자문』부터 시작하여 『동몽선습』을 떼고 『소학』을 배웠는데 책 한 권을 뗄 때마다 서당의 선생님과 친구들에게 오색의 송편으로 한턱을 내는 잔치가 책걸이다. 책례(冊禮) 또는 책씻이라고도 한다. 송편은 모양이 예쁘고 여러 사람들과 나누어 먹는 음식으로 적합한데 잔치 때의 송편은 작게 빚는 게 보기에 좋다.

혼인 잔치

우리나라의 혼례 풍속은 가족제도와 가정 윤리의 변천과 함께 달라져 왔기 때문에 혼인 잔치 풍속도 이에 맞추어 바뀌었다. 고구려 때에는 신부 집에서 서옥(壻屋)을 준비하고 신랑이 와서 혼인을 청하면 서옥에서 부부의 연을 맺었는데, 신랑 집에서 돼지와 술을 보내왔다고 한다. '서옥'이라는 말이 처음 쓰인 것은 『삼국지』「위지 동이전」으로, 고구려조에 따르면

> 처음에 말로써 혼인을 정하고 다음에 여자 집의 대옥(大屋) 뒤에 소옥을 지어 서옥이라 부르며, 저녁에 사위가 여자 집의 문 밖에서 자기의 이름을 알리고 무릎 꿇고 절하면서 여자와 함께 잘 것을 세 번 청하면 여자의 부모는 이 말을 듣고 소옥에서 같이 자도록 허락한다. 다음날 남자가 떠날 때 전백(錢帛)을 놓고 가고, 여자는 자녀를 낳아 장성하여야 비로소 가족을 데리고 남자의 집으로 살러 간다.

고 하였다. 이런 혼인 제도는 최근까지 구식 결혼식에서 볼 수 있었던 해묵이 풍속의 원형이라고 할 수 있다. 해묵이란 결혼식을 올린 여자가 친정에 머물러 있고, 남자가 몇 번이고 재행(再行) 걸음을 한 뒤에 해를 지나 따로 날을 잡아서 남자 집으로 살러 가는 풍속이다. 이러한 혼인 풍속은 조선 중기까지 계속되었다.

신방을 치른 다음 날 신부 집에서는 신랑 친구들에게 잔치를 베푸는데 이를 남침연(覽寢宴)이라 하였다. 그리고 3일째 되는 날에 신랑 신부가 잔칫상을 마주하는데 삼일대반(三日對飯)이라 하였다.[31] 신랑신부는 음식을 함께 나눔으로써 부부의 연을 확인했던 것이다. 『조선여속고』에 따르면 본래 '남침연'은 '자리보기'라 하여 젊은이들이 남의 혼사를 틈타 술과 음식을 털어먹는 풍속을 이르는 말이었다. 그런 습속이 조선

31. 『한국 민속의 세계』 2, 124~126쪽, 2001, 고대민족문화연구원 간.

납폐　김준근. 『기산풍속도첩』

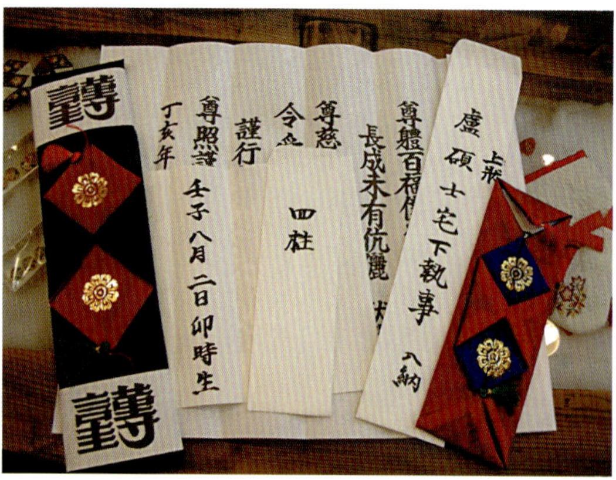

혼서

초기부터 이어져 왔는데, 이 풍속이 없어진 뒤에는 신랑의 다리를 거꾸로 매달고 몽둥이로 발바닥을 때리며 신랑 다루기를 하였다. 이 때 신부집에서는 신랑의 고통을 덜어주기 위해 푸짐한 주안상을 내놓았다. 이것을 동상례(東床禮)라고 하였다. 정조임금이 가난한 선비의 자녀들이 혼인을 하도록 비용을 내리고, 이덕무(李德懋)를 시켜 「동상기」를 짓게 한 바 있다. 조선 중기 이후로 가부장적 대가족제도가 엄격해지면서 혼인 풍속은 반친영(半親迎)으로 바뀌었다. 반친영에 따르면 신랑은 신부 집으로 가서 혼인 예식을 치른 후 3일 뒤에 집으로 돌아가고, 신부는 따로 신부례(新婦禮) 날을 정하여 시댁으로 가서 시부모에게 폐백(幣帛)으로 예를 올린 후 시댁에서 살게 된다. 반친영의 혼인 풍속은 의혼 · 사주 · 택일 · 납폐 · 대례 · 신부례의 여섯 절차를 거쳤다.

납폐

납폐는 신랑 측에서 대례 전날에 채단과 혼서(婚書)를 함에 넣어 신부 측에 보내는 것이다. 보통 '함 보내다' '함 받다' 라고 하여 양가의 혼인 약속이 변하지 않았음을 확인하는 절차이다. 납폐 함에는 청색 비단을 홍색 종이로 싸서 굵은 청색 비단 실타래로 감고, 홍색 비단을 청색 종이에 싸서 굵은 홍색 비단 실타래로 감아 넣는다. 혼서는 한지 전지에 쓴 예장(禮狀)이다. 납폐함은 신랑 측의 가까운 친척이나 신랑 친구 중 몇 사람이 일행이 되어 신부의 집으로 가지고 간다. 함은 흰 무명으로 멜빵을 만들어 메고 청사초롱을 밝혀 들고 신부 집 앞에 가서 "함 팝니다" "함 사시오" 하면서 떠들썩하게 실랑이를 벌이며 분위기를 띄운다. 그러면 이웃 사람들이 모여들고 흥겨운 잔치가 시작된다. 함을 지고 오는 일행을 '함진아비' 라 하고 이러한 분위기에는 나름대로 질서와 의미가 내재돼 있는데 이웃에 결혼을 공인받으려는 우리네 결혼 풍속이다. 혼례 풍속이 많이 변화한 오늘날에도 납폐일에 '함진아비'가 자아내는 분위기는 여전히 남아 있다.

납폐 날 신부 집은 대청에 병풍을 두르고 돗자리를 깔고 붉은 보자기를 덮은 상을 펼쳐놓는다. 함이 오는 시간에 맞추어 봉치시루를 쪄서 상 위에 놓고 시루 위를 붉은 보자기로 덮는다. 신부와 신부의 부모는 복장을 단정히 하고 있다가 함이 들어오면 신부의 아버지가 함을 받아 시루 위에 놓고 함을 열어 안은 보지 않고 채단 한 끝만 꺼내 보인다. 청색 채단이 나오면 아들을 낳을 것이라고 기뻐한다. 이날 신부될 사람은 진분홍 치마에 노랑 반회장 저고리 차림을 한다.

봉치떡은 시루째 상에 올리므로 봉치 시루라 한다. 질 시루에 붉은 팥고물을 얹어 찰떡 두 켜를 찐다. 찰떡 두 켜는 신랑 신부의 찰떡 같은 금실을 뜻하고 붉은 팥고물은 모든 액이 근접하지 말라는 뜻이다. 함진아비에게 대접하는 주안상은 술과 안주를 중심으로 하여 차린다. 즉 각 가정에서 전통적으로 빚은 가양주나 계절주를 상비하였다가 대접하고 신선로나 전골 · 전 · 냉채 · 잡채 · 마른안주 · 떡 · 과줄 · 화채 · 국수장국으로 손님상을 차린다.

대례(大禮)

대례(결혼식)는 신부 집에서 치르는데 신랑이 결혼식 당일에 신부 집으로 가는 것을 '초행'이라고 한다. 신랑의 집을 대표하는 상객이 말을 타거나 교자를 탄 신랑을 인도하여 권마성을 울리면서 신부집으로 가는데 2~3인의 후행이 그 뒤를 따르고 이들 앞을 청사초롱을 든 사람이 길을 밝힌다. 청사초롱은 홍사 바탕에 청사로 단을 둘러 길게 만든 등

인데 음과 양의 화합을 의미한다. 신부 집은 마당에 차양을 치고 병풍을 두르고 돗자리를 펴고 대례상(교배상)을 꾸민다. 다리가 높은 상에 촛대 2개를 동쪽과 서쪽으로 놓고 합근례(合巹禮)를 할 표주박 잔(한 개의 표주박을 반으로 쪼갠 잔)과 소나무 가지에 홍색 실을, 대나무 가지에 청색 실을 걸친 것을 놓고 그 외에 다산과 다복 · 건강을 상징하는 밤과 대추 등을 고배에 담아 놓는다. 대례상 앞에 키 낮은 전안상(奠雁床)을 준비한다. 사모관대 차림의 신랑이 신부 집에 당도하면 다음의 순서로 식을 진행한다.

① 전안례(奠雁禮): 신랑이 나무기러기 한 쌍을 전안상에 놓는다. 기러기처럼 신의와 정절을 지키겠다는 상징이다.

② 연지 곤지 화장을 하고 활옷에 화관차림으로 방에서 기다리던 신부가 대례상 앞으로 나오면 신랑은 동쪽, 신부는 서쪽에 마주 선다.

③ 교배례: 하늘에 맹세하는 예와 서로 맹세하는 예인데 신부는 4배, 신랑은 2배를 한다.

④ 합근례: 표주박 하나를 둘로 쪼갠 잔에 술을 담아 서로 교환하여 마신다. 신랑 신부 결합을 의미하는 절차로서 대례의 중심 절차이다. 조선 시대 가족제도로 볼 때 합근례는 신랑 신부 두 사람뿐 아니라 양가의 통합을 의미한다고 해석할 수 있다.

합근례를 끝으로 대례가 끝난다. 대례청에는 여러 하객과 친지가 모여 떠들썩한 속에서 사회자가 큰 소리로 절차를 알리는 중에 결혼식이 끝난다.

신행 김준근.『기산풍속도첩』

신행

신행(신부례, 新婦于禮)은 대례를 치른 신부가 시댁으로 처음 가는 절차이며 이날 신부는 시부모를 처음 뵙는 현구고례(見舅姑禮: 폐백을 드리는 예)를 행한다. 대체로 대례를 행하고 3일 만에 신랑과 함께 시댁으로 신행을 하였지만 7일, 1개월, 1년 후로 늦추는 경우도 있었다. 딸의 신행을 위하여 신부 집에서 폐백을 준비하고 이바지 음식도 함께 준비하여 후행으로 가는 사람이 들고 가게 한다. 가마를 탄 새색시의 신행길은 신부의 백부나 숙부가 상객이 되고 후행도 몇 사람 함께 따르는데 가마꾼은 '가마 메는 소리'로 가마의 평형을 조절하면서 간다. '가마 메는 소리'도 음률의 하나이다.

폐백: 굵은 대추에 술을 뿌려 따뜻하게 두면 대추의 살이 부풀어 오르고 색깔이 곱게 변한다. 여기에 실백을 꽂고 다홍실에 길게 꿰어 둥근 쟁반에 소복하게 담고 근봉지(謹封紙)로 여민다. 육포도 여러 장을 둥근 쟁반에 높이 고여 담고 근봉지로 여민다. 지방에 따라서 대추나 육포 외에 밤과 엿을 담기도 한다.

이바지: 떡 · 과줄 · 과일, 그 외에 몇 가지 음식을 신행길에 보내는데 신랑 댁 잔치에 도움을 주려는 것이다.

관대 벗김: 신부 집에서는 대례를 치른 신랑에게 새로 준비한 바지 · 저고리 · 조끼 · 마고자 · 두루마기 한 벌을 입히고 큰상을 차려 축하를 한다. 신랑 집에서는 신행을 온 신부에게 폐백을 받기 전에 시부모가 새로 준비한 녹의홍상 한 벌을 입히고 예복으로 원삼을 입혀 폐백을 하게 한다. 폐백을 올림으로써 신부는 완전히 시댁의 가족이 된다. 폐백을 받은 시부모는 새 며느리를 환영하고 축하하는 뜻으로 큰상을 차려준다.

큰상: 생과일 · 과줄 · 떡 · 포 · 전과 같은 여러 가지 음식을 색깔을 맞추어 30cm 전후의 높이로 고여 담고 상화(床花)로 아름답게 장식한다. 우리나라의 상차림 중 존중과 축하의 뜻을 갖는 가장 정중한 차림으로 혼례 · 수연 잔치에서 주빈에게 바친다. 큰상의 양 옆에 같은 모양으로 작은 상을 차려 혼례에서는 또래를, 수연에서는 윗어른을 배석하게 한다. 큰상은 높이 고인 음식을 바라만 보는 상이라 하여 망상(望床) 또는 고배상(高排床)이라고 한다.

임매상 : 큰상 음식은 그 자리에서 헐어 먹지를 못하므로 먹을 수 있는 장국상 하나를 준비하여 주빈 앞에 차려놓는다. 장국상은 신선로 · 찜 · 전 · 냉채 · 잡채 · 마른안주(육포 · 어포 등) · 떡 · 과줄(한과) · 생과일 · 화채 · 장김치 · 국수장국 등으로 차리고 술을 준비한다.

과거 잔치

과거제도는 나라의 관리를 등용하기 위해 행하던 국가 시험으로, 중국의 한(漢)나라 때부터 시작된 것이다. 우리나라의 과거제도는 고려시대 광종(光宗) 9년(958)부터 시작하여 조선조 말(1894)인 갑오경장 이전까지 이어져 왔다. 과거에 합격하는 일이 곧 출세의 길이었던 만큼 임금은 급제자에게 어사화(御賜花)를 내려 삼일유가를 하게 하고, 나라에서는 은영연(恩榮宴)이라는 잔치를 베풀어 축하를 해주었다. 은영연은 의정부에서 행하는 것이 상례였다.

한편 은영연은 아들이 과거에 합격하면 나라에서 술을 내려 장수하는 그 어버이를 즐겁게 하는 것이 관례이기도 하였는데, 조선의 문인서화가 강희안(姜希顔, 1417~1464)이 과거에 급제하고 아우 강희맹(姜

큰상 궁중음식연구원 사진

希孟, 1424~1483)이 이어 과거에 장원하였는데도 그 아버지 강석덕(姜碩德)은 이 잔치를 사양하였다 하여 화제가 되었다. 그는 "영화가 있으면 반드시 욕됨이 오는 법인데, 영화로운 이름의 잔치를 내가 어떻게 감당하겠는가" 하고 사양하여 덕이 있다고 칭송을 받았다.

은영연이 끝나면 급제자들은 다음날 모두 문과 장원의 집에 모여 함께 예궐하여 임금에게 사은례(謝恩禮)를 드리고, 그 다음날에는 무과 장원 집에 모여 문묘(文廟)에 가서 알성례(謁聖禮)를 올렸다. 그리고 나서 친지를 초청하여 잔치를 하고, 시관(試官)을 초대하여 은문연(恩門宴)을 열기도 하는 등 잔치가 이어졌다.

* 송만재의 「관우희」 이야기

조선 후기의 풍속에는 과거에 합격하면 창우(倡優)를 불러서 각종 놀이를 벌이며 축하 잔치를 벌였다. 조선 순조 때 선비 송만재(宋晩載, 1788~1851)가 1843년(헌종 9)에 지은 「관우희(觀優戱)」는 이런 잔치 풍속을 잘 전해 준다. 가난한 선비 송만재는 아들이 과거에 급제하였지만 광대를 불러 잔치를 벌일 수 없는 서운한 마음을 달래기 위해, 당시에 재인(才人)이 공연하는 모습을 자세히 그린 시를 지어 잔치를 대신하였다. 이 시는 800여 자의 서문과 50수의 시로 이루어졌는데, 내용은 제1수부터 8수까지는 광대가 다스름[短歌]에 해당하는 「영산회상(靈山會相)」을 부르는 대목이고, 제9수부터 제20수까지는 「춘향가」 「심청가」 「배비장전」 등 판소리 12마당에 대한 내용이다. 제21수부터 제25수까지는 아니리를 섞어가며 소리하는 광대의 모습과 그 소리를 듣고 울고 웃는 구경꾼들을 그렸다. 제26수부터 제35수까지는 줄타기를, 제36수부터 제42수까지는 땅재주를, 제43수부터 제50수까지는 광대의 삶을 노래했다.

광대는 소리값[行下]을 받을 수 있는 곳이면 어디든지 찾아다녔다. 고기잡이철이면 어촌으로, 추수철이면 농촌으로 찾아가 장터 같은 곳에서 재주를 팔았다. 이 「관우희」에서는 과거 급제자의 삼일유가 뒤의 잔치 풍경은 물론, 재인들의 여러 활동이 잘 소개되어 있다.

삼일유가 김홍도. 18c. 국립중앙박물관 소장

수연(壽宴) 잔치

수연은 부모님께 해드리는 자식들의 효도 잔치로서 60세에는 회갑 잔치, 70세에는 고희 잔치, 80세에는 팔순 잔치를 해드린다. 친족과 친구분들을 초대하여 부모님께 큰상을 꾸며 드리고 자손이 모여 헌수를 하고 주악을 울리며 참석한 손님께 음식을 대접한다.

대청 북쪽으로 병풍을 두르고 화문석을 깔고 큰상을 차리고 큰상 앞으로 임매상을 차린다. 수연을 받는 분을 자리에 모시고 부모나 형님이 계시면 양 옆으로 앉게 하고 큰상보다는 작은 고배상을 차린다. 손님들이 자리에 앉으면 삼현육각을 울리고 자손들이 나이순대로 부부가 함께 술잔을 올려 헌수 재배한다. 헌수할 때 기생들이 헌수가(獻壽歌)를 부르고 헌수가 끝나면 손님께 잔치상을 올리는 한편 가무를 시작한다.

회혼례 잔치

결혼 60주년을 축하하는 잔치가 회혼(回婚) 잔치이다. 연회장에 만인병(萬人屛: 12폭 백지 병풍을 빈 방에 펴놓고 회혼 잔치에 모인 하객이 제각기 이 병풍에다 그림이나 글씨로 축하를 표한다)을 두르고 화문석을 펴고 회혼을 맞이한 노부부는 신랑 신부 때와 같은 차림을 한다. 남편은 사모관대 차림 아내는 연지 곤지 화장에 원삼 족두리 차림으로 큰상 앞에 앉으면 먼저 혼인을 할 때 합근례로 썼던 표주박 잔을 다시 꺼내어 합환주를 마시고 헌수가가 울리는 속에 자손으로부터 헌수 배례를 받는다. 헌수가 끝나면 하객과 친척에게 음식 상을 올리고 가무가 공연되는 속에서 잔치가 무르익어 간다.

회혼례도 중 헌수 장면 국립중앙박물관 소장

수명이 길지 않던 시대에 수연이나 회혼연은 아주 귀한 잔치였다. 더욱이 자손에게 불행이 없어야 큰상을 받고 잔치를 열 수 있었으므로 큰상 음식은 귀하게 여겨졌다. 그래서 큰상 음식은 복을 함께 나눈다는 반복(頒福)의 뜻으로 잔치에 모인 여러 사람들에게 나누어 주었다. 옛날 대가족 살림의 큰며느리는 '반기살이'라 하여 잔치 음식 나누기를 잘하는 것도 큰일 중의 하나였다.

떡국상 궁중음식연구원 사진

명절 잔치

설날

우리나라는 춘 · 하 · 추 · 동 계절의 변화가 뚜렷하다. 산천경관이 철 따라 변하고 산야에서 여무는 먹을거리가 철마다 다르다. 이러한 절기 변화를 지혜롭게 받아들여 우리 조상들은 명절 풍속을 관행으로 지켰다. 더욱이 명절 행사는 마을 사람들이 모여 일을 쉬고 제철의 음식과 놀이를 즐기는 모처럼의 잔칫날이다. 명절 잔치는 절기의 순환으로 자연을 깨닫고 정서를 가다듬는 좋은 때이다. 음식이 오가고 그네를 타고 씨름을 하고 고싸움을 벌이면서 한바탕 신명을 풀면 절로 힘이 솟아난다. 마을 공동의 제의가 신앙성에 바탕을 둔 굿 잔치라면, 명절은 음식과 놀이에 바탕을 둔 축제성 잔치이다.

떡국

설날은 한 해가 가고 새해가 온다는 의미에서 천지만물이 새로워지는 날이다. 가족이 설빔으로 차려입고 떡국과 세주(歲酒) · 전 · 적 · 한과 · 과일 등으로 조상님께 차례를 지낸다. 차례를 마치고 어른께 세배를 드리면 어른은 덕담을 내리고 아이들에게 세뱃돈을 준다. 세배가 끝나면 가족끼리 세찬으로 새해를 축하하는데, 세찬 음식의 기본 품목이 흰 떡국이다. 『조선상식』에서 최남선은 덕담을 "말에도 영(靈)이 깃드는 것이어서 좋은 말은 좋은 일의 전조가 되는 것"이라는 생각에서 나온 풍속이라고 해석한다. 세배가 끝나고 세찬 상을 받는다. 세찬 상의 기본 상차림은 하얀 멥쌀가루로 만든 가래떡을 얇게 저며 맑은 장국에 떡점이 동동 뜨게 끓인 흰 떡국과 세주이다.

대보름

정월 대보름은 설의 잔치 분위기를 정월 대보름 잔치놀이로 말끔히 마감하고 새해 생업을 위한 차비를 시작하는 전환점이다. 농가에서는 마당에 낟가릿대를 세워 농업이 천하의 대본임을 상징한다. 마을 두레 청년들은 씨름 대회로 한바탕 호기 있게 놀고 부녀자는 답교놀이로 모처럼 나들이를 즐긴다. 대보름 잔치 음식은 약밥이나 오곡밥, 아홉 가지 묵은 나물과 김이나 취나물쌈이다. 보름날 아침에는 부럼을 깨고 귀밝이술을 마신다. 요즈음도 대체로 전국에서 시행한다.[32]

백 집에 돌리는 백가반

정월 보름에 검은색 약밥을 만드는 풍습은 『삼국유사』 소지왕조에 수록된 이야기에서 연유한다. 삼국시대 신라 소지왕 10년(486) 위기에 처한 왕을 구해 준 까마귀에게 감사하는 제를 검은색 밥을 지어 지냈다는 고사가 있고, 이후로 신라 · 고려 · 조선 시대를 통하여 전승되는 관행이

32. 최남선, 『故事通』, 43~45쪽, 1942, 삼중당서점 간.

다. 다만 고려 시대에는 찹쌀에 꿀 · 대추 · 밤 · 잣 등을 섞어 찐 약밥을 지었는데 언제부터인가 오곡밥으로 바뀌었다. 아마도 약밥은 귀한 재료들이 들어가는 음식이므로 민간에서 누구나 만들 수 있는 오곡밥으로 바뀌었다고 본다. 조선 시대의 명절 음식은 민간에서 손쉽게 만들 수 있는 것이 특징이다. 아홉 가지 나물과 김쌈 · 취쌈도 극히 보편적인 음식이다. 옛날부터 대보름 음식은 너도 나도 만들어 여러 집에 서로 나누어 먹는 것이 관행이었으므로 특히 백가반(百家飯)이라고 하였다. 고려 시대의 문장가 이색의 『목은집』 권13에는 "찹쌀에 기름과 꿀을 섞은 후에 다시 잣과 밤 · 대추를 넣어서 섞는다. 동네 여러 집에 서로 보내면 새벽빛이 청량함에 갈가마귀가 혹하여 일어난다"고 읊었다.

귀밝이술과 부럼

보름날 새벽에는 일 년 내내 종기가 없고 이빨도 단단하라고 부럼을 깨물어 멀리 지붕 위로 던지고 아침상에서 가족이 모두 귀밝이술[耳明酒]이라 하여 찬술을 한 잔씩 마신다.

윷놀이와 쌍륙치기

정월 초에서 보름까지는 집안에서나 집 밖에서 하는 여러 가지 놀이가 많은데 대표적인 것으로 윷놀이 · 쌍륙치기 · 널뛰기 · 답교놀이가 있다. 윷놀이는 우리나라 남부 지방에서 발생한 고유한 놀이이다.[33] 쌍륙은 고려 시대 때 안방에서 하던 오락이었는데 조선 시대에도 사대부집 노부인들이 즐겨 놀았다. 13줄의 말판에 15개의 말을 배치해 놓고 번갈

33. 최상수, 『한국민속놀이의 연구』, 11~52쪽, 1985, 성문각 간.

아 두 개의 주사위를 던져 말을 나아가게 하는 놀이이다.

널뛰기

전국적으로 분포된 우리 고유의 민속놀이로서 정초에는 부녀자들이 흥겹게 널뛰기를 한다. 여성들이 말도 타고 격구도 하던 고려때부터 시작되었을 것이라 하는데 확실하지는 않다.

답교놀이

대보름날밤 달빛 아래에서 다리를 왔다갔다 하며 군무를 하는 놀이이다. 조선 시대 규중에 박혀 지내던 아녀자들이 추위도 잊고 밤늦게까지 답교놀이를 하였는데, 정해진 절차는 없지만 장구 · 호적 · 피리 장단에 맞추어 산타령을 부르며 군무를 춘다. 군무는 대체로 26명이 노래를 부르면서 별감 동작, 집사 동작, 상좌 동작, 상무동 동작, 왜장녀, 난쟁이 동작 등 변화를 주면서 춤을 춘다.[34]

화전놀이

음력 3월 3일 삼짇날은 봄나들이에 좋은 절기이다. 봄놀이를 보통 화류(花柳)라고 한다. 3월 삼짇날의 나들이는 들에 나가 진달래꽃을 따서 화전을 지져 먹는 화전놀이가 대표적이다. 『동국여지승람(東國輿地勝覽)』에서는 서울 남산이 화류의 대표적인 장소라고 하였다. 필자가 1970년대 경북 양동의 구가에 민속 조사를 갔을 때, 한 할머니께서 “아

34. 임동권, 『한국의 민속』, 84~90쪽, 교양국사총서 II.

사계풍속도 중 화류유희 19세기. 국립중앙박물관 소장

무리 완고한 집안이라도 삼짇날 며느리 화전놀이를 보내지 않는 집은 없었다"고 술회하였다. 방종현(方鍾鉉)의 『세시풍속(歲時風俗)』에서도 "마을 서당의 유생들이 화전을 지져 먹느라 들에 나가고 산에 오르면서 하루를 재미있게 보낸다"고 하였다. 삼짇날 잔치는 조선 시대에만 성행했던 것이 아니다. 『송사(宋史)』에서 고려의 새봄 음식을 쑥설기라고 지칭하고 있는데, 이것도 고려의 봄맞이 풍속을 말한 것이다.

『동국세시기』에서는 삼짇날 음식으로 진달래 화전과 화면이 으뜸이라고 하였다. 화전은 진달래꽃을 찹쌀가루에 반죽하여 동글납작하게 빚어서 기름에 지진 후에 진달래꽃을 보기 좋게 얹어 한번 더 익힌 떡이다. 또 녹두 녹말에 진달래꽃을 섞거나 또는 그대로 물에 걸쭉하게 풀어 놋쟁반에서 중탕으로 익혀 가늘게 썰어 꿀을 탄 오미자국에 띄워 화면을 만들어 먹는다.

단오

오월 단오절은 조선 중종 13년(1818)에 설 · 추석과 함께 나라의 3대 명절로 정해진 큰 명절이다. 고대 진한에서 5월에 파종을 끝내고 행하던 천제의 풍속이 신라로 전승되면서 단오를 숭상하게 되었다 한다. 북부 지방은 단오 절기쯤 되어야 생물이 소생하게 되므로 단오절은 본래 북방의 명절이다. 지금도 남쪽 지방은 삼짇날 잔치가, 북쪽은 단오절 잔치가 성대하다. 창포 삶은 물로 머리를 감고 단장을 한 부녀자들이 하늘 높이 그네를 타고 남정네들은 씨름판에서 기세를 올린다.

수리치 절편

수리치는 약초의 일종이다. 수리치 잎을 살짝 데쳐 멥쌀가루를 쪄서 익힌 것과 함께 섞은 후 매우 쳐서 절편을 만들고, 수레바퀴 모양의 둥근 떡살로 문양을 찍어 참기름을 바른다. 단오를 수릿날이라 하듯 단오 명절날 떡에도 수리 즉 차바퀴 문양을 찍는다.

씨름 대회

두 사람이 허리와 다리에 샅바를 걸치고 서로 밀고 당기면서 손과 발로 기술을 부려 상대방을 쓰러뜨리는 경기이다. 상대한 사람을 모두 이긴 장사가 소를 상품으로 타기도 하였다.

그네뛰기

신록이 우거진 숲속에서 가지가 굵은 나무에 그네를 매고 다홍치마, 옥색치마를 입은 부녀자들이 허공을 가르며 하늘 높이 솟아오르는 그네뛰기는 보기에도 시원하고 아름답다. 고려 후기의 무신인 최충헌이 자기 집 뜰에 그네를 매고 추천 대회를 했다는 기록이 있는 것으로 보아 고려 시대에도 그네뛰기를 했음을 알 수 있다.[35]

추석

음력 8월 15일은 중추절 · 한가위 · 추석 · 가배(嘉俳) 등 여러 가지 말로 불린다. "더도 말고 덜도 말고 가윗날만 같아라" 하듯이 추석은 추

35. 임동권, 『한국의 민속』.

수한 곡식으로 마음이 흐뭇해지는 명절이다. 일찍 여문 오려쌀로 만든 오려송편과 햅쌀로 빚은 신도주 · 동동주가 추석 명절의 대표 음식이다. 이것은 계절마다 먼저 수확한 곡식으로 음식을 만들어 신에게 올리는 천신(薦新)의 의미를 담고 있다.

신라 3대 유리왕 때에 길쌈을 장려하기 위해 도성 안 6부의 부녀자들을 두 패로 나누어 각각 두 사람의 왕녀가 맡아 7월 15일부터 한 달간 길쌈을 경합시키고, 8월 15에 그 성적을 평가하였다. 진 편이 이긴 편에게 술과 음식을 대접하며 잔치를 베풀었는데 이것이 팔월 추석 명절의 유래라고 한다. 한편으로는 신라가 발해와의 전쟁에서 대승한 날을 기념한 것이 추석 명절의 유래가 되었다고도 한다. 여하간 추석 명절은 추수감사의 의미가 본뜻이고, 이런 좋은 때에 길쌈과 활쏘기 대회 등 무예를 장려하는 행사를 겸하였을 것이라고 해석된다.[36]

동동주

찹쌀과 누룩 · 엿기름으로 빚어 만든 맑은 술이다. 밥알이 위로 동동 뜨므로 동동주라 한다. 떠 있는 밥알이 개미 같다 하여 부의주(浮蟻酒)라고도 하였다. 고려 시대부터 전래하는 술인데, 빚기가 쉬워 보편화되어 있다.

오려송편

오려송편은 올벼 즉 일찍 여무는 조도미(早稻米)를 거두어 빚은 송편

36. 최남선, 『고사통(故事通)』, 46쪽, 1943, 삼중당서점 간; 최남선, 『조선상식』, 35쪽, 1948, 동명사 간.

송편 궁중음식연구원 사진

이란 뜻이다. 추석에는 아직 타작이 끝나지 않았으므로 조도미를 거두어 송편을 빚는다. 햅쌀가루를 익반죽하고 청대콩 · 햇밤을 소로 넣어 송편을 빚는데, 집안의 여자들이 둘러앉아 "송편을 예쁘게 빚어야 예쁜 딸을 낳는다"고 딸들에게 송편 빚는 솜씨를 훈련시켰다.

강강술래

좋은 절기 밝은 달밤에 아녀자들이 손에 손을 잡고 둥글게 원을 그리며 노래를 부르면서 춤을 추던 놀이이다. 강강술래는 임진왜란 때, 이순신 장군이 창안한 의병술(疑兵術)에서 연유하였다고 하는데 한편 고대로부터 행하였던 놀이라고도 해석된다. 강강술래의 율동은 단조롭지만 춤을 추며 부르는 노래는 아주 다양하다.

Ⅲ.
잔치판과 신명의 문화

잔치의 장소

잔치판의 즐거움과 신명

잔치와 음식

원구단 국립민속박물관 사진

잔치의 장소

잔치가 이루어지는 장소는 잔치의 종류와 성격에 따라 각양각색일 것이지만, 이것은 잔치의 모습과 문화를 이해하는 중요한 요소이다. 유교의 전통으로 황제는 하늘에 제사 드리고 제후는 산천과 사직(社稷)에 제사하며, 양반은 가묘(家廟)에 제사한다고 했다. 특히 나라의 제사는 원구(圓丘)와 방택(方澤)에서 올렸는데, 원구는 천자가 동지(冬至)에 하늘에 제사 드리는 장소로, 고려 때부터 지금의 조선호텔 안에 있는 원구단을 쌓아 성소(聖所)로 삼았다. 마을굿의 경우에 신격(神格)은 마을 가까운 명산을 중심으로 설정되고, 마을의 성소는 대개 당숲 · 고개 · 나무 · 터줏가리 · 바위 · 미륵 · 우물 등 자연 대상물이 된다.[37]

고구려 벽화에서는 임금이 행차하는 곳을 외부와 차단하기 위해 장막을 치고 차일을 쳐서 장소를 가린 모습을 볼 수 있다. 따라서 임금이 행차하는 나라 잔치에는 이런 식으로 무대가 마련된 오랜 관습이 있음을 알 수 있다. 제사가 끝나면 음식상을 차리는데, 임금은 장막 안에서 남쪽을 향해 앉고 대소 관료들은 북향하고 각기 잔칫상을 받는다. 신라시대 왕과 귀족들의 잔치 장소로는 경주 동북부에 있는 안압지를 들 수

37. 주강현, 『굿의 사회사』, 168~171쪽.

있다. 안압지는 문무왕 때 임해전(臨海殿)이라는 궁궐 앞에 판 연못인데, 나라의 경사스러운 일이나 귀한 손님을 맞을 때 이 못을 바라보면서 연회를 베풀었다.

『고려사』에는 신라 때부터 나라 잔치로 크게 발달한 팔관회의 무대가 잔치 장소로 꾸며지는 모습이 자세히 설명되어 있다. 도교서에서 의봉문 동편에 3계단의 채붕(무대)을 설치하고 장막을 치고 왕의 자리를 정한다. 상의국(尙衣局)에서 왕의 양 옆으로 꽃상을 차리고 다방에서는 왕의 앞으로 다과상[果案]을 올리고 수준안(壽罇案, 왕의 만수무강을 비는 술상)을 꽃상 남쪽 좌우로 차린다. 왕세자 이하 문무백관의 자리를 각각 차리고 악기 탁자를 좌우에 있는 시신(侍臣)의 뒤로 정렬한다. 중간층에는 찬(饌)의 장막을 동편에 치고, 다방은 동 · 서 양편으로 준비한다. 수로(獸爐, 동물 모양의 청동 화로)를 기둥의 좌우에 놓는다.[38]

고려 시대에 나라의 안녕을 빌고 재앙을 물리치기 위해서 거행하는 행사는 팔관회와 연등회와 나례가 있었는데, 고려 말의 학자 이색(李穡, 1328~1396)이 지은 「구나행(驅儺行)」에 의하면, 이런 행사에는 오색 비단 장막을 드리운 것이 봉래산 같은데 북소리 징소리가 천지를 진동하고 폭발하는 불꽃놀이는 번개처럼 번쩍거린다고 묘사했다. 잔치가 행해지는 무대와 분위기를 짐작할 수 있는 대목이다. 또 고종대의 무신 최이(崔怡)가 벌인 채붕(綵棚)은 다음과 같다.

> 채붕을 맺어 산처럼 높이 만들고 비단 장막으로 휘장을 벌이고 가운데 그네를 매어 비단 실매듭과 비단으로 만든 꽃으로 장식한다. 큰

38. 『고려사』 권23, 예11.

> 분 네 개를 빙봉(氷峯)으로 채웠는데, 분은 모두 은테를 두르고 자개를 박았다. 큰 항아리 4개에 이름 있는 꽃 10여 품을 꽂아 사람의 눈을 어지럽게 하였다. 기락백희(伎樂百戲)를 베풀고 음악을 하는 전문인 1,350여 명이 사람마다 모두 성장하여 뜰에 들어와 주악을 하니 현가고취(絃歌鼓吹)가 천지를 진동하였다.[39]

조선 시대로 오면 「진연반차도(進宴班次圖)」와 같은 그림이 많이 남아 있어서, 화려한 잔치 모습과 잔치가 이루어진 사정을 엿볼 수 있다. 한 예로 국립중앙박물관에 소장되어 있는 「을축진찬도병(乙丑進饌圖屛)」은 순조가 40세가 되던 순조 20년(1829)에 즉위 30년을 축하하여 열린 명정전 진찬을 그린 그림으로 조선 시대 궁중 잔치의 정중하고 화려한 모습을 잘 나타내 주고 있다.

그림을 보면 어좌(임금의 자리)에는 일월오봉병(日月五峯屛)을 두르고 어탑(御榻) 위는 용평상(龍平床) · 용교의(龍交椅) · 답장(踏掌)으로 꾸민다. 술잔을 올려놓는 진작탁(進爵卓)과 음식을 차린 어찬안(御饌案)과 술잔을 올릴 자리는 어탑 아래로, 왕이 마실 술을 담은 수주정(壽酒亭)은 왼쪽 첫 번째 기둥 앞으로 준비한다. 어탑 위의 의장(儀仗)으로 한 쌍의 산선(傘扇)과 보검이 있고, 주위를 두 쌍의 별운검(別雲劍)과 시위군들이 지키고 있다. 기둥 근처에도 일산(日傘) · 수정장(水晶杖) · 홍양산(紅陽傘) · 금월부(金鉞斧), 한 쌍의 운검(雲劍) 등 기본 의장이 늘어선다.

왕세자와 연회에 참석하는 시연위(侍宴位)는 어좌의 동남쪽으로 찬

39. 『고려사』 권129, 열전 42, 최충헌.

통명전진찬도 국립중앙박물관 소장

안과 표문(豹紋) 방석으로 상징되어 있고, 왕세자의 주정과 왕세자가 왕에게 치사(致詞)를 올리는 자리인 탁자가 오른쪽 기둥 밖으로 그려져 있다. 승지와 그 뒤의 사관은 진작을 하는 자리 좌우에 마주하여 부복하고 있다. 보계 모서리에는 교룡기(交龍旗)와 독(纛)이 서 있는데, 그 뒤에는 황색 옷을 입은 선전관이 서 있는 모습이 보인다.

계상에는 무고(舞鼓)의 북 · 동 · 서로 무동이 각각 2명씩 6명, 무고의 남쪽으로 금과 술을 연주하는 4명의 악공, 그 남쪽으로 노래하는 가자 4명, 그 남쪽으로 16명의 무동이 한 줄로 서 있다. 무동 남쪽으로 가(笳) 4, 피리 7, 대금 6, 당적 2, 퉁소 1, 당비파 2, 해금 2, 방향 1, 장구 4, 생(笙) 2, 거문고 2, 가야금 2, 교방고 1을 연주하는 악공들이 세 줄로 늘어선다. 계하에는 헌가(軒架)의 집박전악을 위시하여 노래 3, 피리 7, 대금 6, 편종 2, 편경 2, 퉁소 2, 비파 2, 해금 2, 장구 4, 건고 1, 삭고 1, 응고 1, 축 1, 어 1, 생 2가 있다.[40]

40. 김종수, 『조선시대 궁중연향과 여악연구』, 28쪽, 해설.

풍물놀이 서재식 사진

잔치판의 즐거움과 신명

잔치는 경사로 모이는 만큼 사람을 만나는 기쁨과 음식을 먹는 즐거움과 놀이판의 신명이 있기 마련이다. "굿이나 보고 떡이나 먹지"라는 속담은 남의 일에 간섭하지 말라는 경계의 뜻이 있지만, "굿 구경하려면 계면(契面)떡이 나오도록"이라는 반대되는 속담도 있어서, 굿이 함께 참여하는 구경거리임을 말해 준다. 19세기 중엽에 조선에 와서 관리의 집에 초대를 받았던 오페레트는 함께 초대된 조선 사람들이 술을 아주 많이 마시고, 기분이 좋아져서 몹시 즐거워했다고 묘사했다.

잔치의 즐거움은 술에서 가장 잘 드러난다. 조선 시대의 허균(許筠, 1569~1618)은 술 마시는 의식을 논하면서 '즐거운 것의 13가지 조건'을 말했다.

> 즐거운 것에 열세 가지가 있으니, 그 시기를 얻는 것이 첫째요, 주객이 오랜만에 만난 것이 둘째요, 술이 진하고 주인이 단정하고 엄숙한 것이 셋째요, 술잔을 들기 전에는 노래를 부르지 않는 것이 넷째요, 능력이 없는 자에게는 벌칙이 있는 것이 다섯째요, 마시려고 하면서 안주를 거듭 들지 않는 것이 여섯째요, 주석에서 우왕좌왕하지 않는 것이 일곱째요, 녹사(祿仕)의 거동이 씩씩하고 술을 권하는 예법이

엄격한 것이 여덟째요, 술자리의 어른이 사사로운 청탁을 받아들이지 않는 것이 아홉째요, 자기의 책임을 남에게 떠넘기지 않는 것이 열 번째요, 남의 책임을 자기가 대신하지 않는 것이 열한 번째요, 술의 힘을 믿지 않는 것이 열두 번째요, 노래하는 기생과 술 시중드는 하인이 사람의 뜻을 미리 알아서 거행하는 것이 열세 번째이다.

그는 이어서 즐겁지 못한 열여섯 가지를 들고, 주인이 인색한 것을 비롯하여 손님이 주인을 무시하는 것, 장소가 난잡한 것과 풍악이 원활하지 못하고 기생이 교만한 것 등을 차례로 들었다. 잔치의 주인과 손님, 공간과 풍악의 분위기를 들어 즐겁지 못하게 만드는 조건으로 꼽았다.

잔치의 신명은 놀이에서 두드러진다. 신명풀이는 놀이에 손님이나 구경꾼이 능동적으로 참여하는 데에서 일어나는 감흥이다. 특히 마을 잔치나 대동놀이에서는 굿이나 광대놀이를 구경하는 데 그치지 않고, 스스로 참가하여 신명을 풀었다. 이것이 대동굿의 신명이다. 이런 신명풀이의 절정은 판소리 「심청가」에서 심봉사가 눈을 뜨는 '맹인 잔치' 장면에 나타나 있다. 심봉사는 맹인 잔치에 가서 잔치를 베푼 황후가 죽은 자기의 딸 심청이란 말을 듣고 깜짝 놀라, "내 딸이 살아오니 눈 못 떠도 한이 없다"며 눈을 크게 몇 번 굴리자 두 눈이 환하게 떠졌다. 심봉사가 크게 기뻐하여 "얼씨구 신통하다" 하며 불끈 일어서서 팔을 벌려 춤을 추니, 그 자리에 참석했던 수만 명의 맹인들의 눈이 여름 하늘 번개같이 예서 번쩍 제서 번쩍 일시에 다 떠지는데, 어머니 뱃속에 있는 소경들까지 "개평"으로 눈 하나씩을 떴다는 것이다. 이것이야말로 해학이 넘치는 우리 놀이 문화가 생각해 낸 최고의 신명풀이라 할 수 있다.

여기에서 조선 시대 선비들의 삶 속에 나타나는 한두 가지 잔치 문화의 모습을 살펴보기로 하자. 조선 후기 담헌 홍대용(湛軒 洪大容)은 북학파 실학의 리더로서 과학자이자 거문고의 대가였다. 연암 박지원과 그의 제자들이 자주 남산 자락에 있는 담헌의 집에 모여 음악회를 열었는데, 좋은 술이 한순배 돌고 나면 악기를 함께 연주하곤 했다. 담헌의 가장 친한 친구인 연암 박지원이 여러 번 담헌의 음악과 관련한 이야기를 전해 주었는데, 그들의 모임은 자주 음악회로 열려 이 시대 문인들의 잔치 문화의 좋은 본보기를 보여주고 있다. 남산에 있는 홍대용의 집은 택호를 '유춘오'라고 하였는데, 봄이 머무는 언덕이라는 뜻이었다. 이 유춘오에서 만난 동호인 선비들의 모임에는 언제나 술과 음악이 있었는데, 성대중(成大中, 1732~1812)이 쓴 「유춘오의 악회 기록[記留春塢樂會]」은 이 모임을 잘 증언해 준다.

> 홍담헌 대용이 가야금을 준비하고, 홍성경 경성(洪聖景 景性)이 거문고를 가지고 오고, 이경산 한진(李京山 漢鎭)이 퉁소를 소매에 넣어 오고, 김억(金億)이 양금을 갖고 왔다. 장악원의 보안(普安) 또한 국수(國手)로 생황을 잘 부는데, 이들이 담헌의 유춘오에 모였다. 유성습 학중(學中)은 노래로 흥을 돋구었다. 효효재 김공 용겸(用謙)은 나이가 많고 덕이 높은 어른이라, 상석에 앉았다. 좋은 술에 잠깐 취하자 여러 악기가 함께 연주되었다. 뜰은 깊고 낮은 고요한데 섬돌에는 낙화가 가득했다. 궁성(宮聲)과 우성(羽聲)이 번갈아 들더니 곡조가 그윽하고 오묘한 경지에 접어들었다. 그때 김공이 갑자기 자리 아래로 내려가더니 절을 하는 게 아닌가? 뭇사람들은 깜짝 놀라 자리를 피했다. 그러자 김공은 이렇게 말했다.

음률 풍류(부분) 조선 후기, 프랑스 기메박물관 소장

"제군은 괴이하게 생각지 말라. 옛날 우(禹)임금도 남의 좋은 말을 들으면 일어나 절을 하지 않았는가. 지금 연주한 음악은 천상의 음악[鈞天廣樂]이 아닌가? 그러니 늙은이가 어찌 한번 절하기를 아낄 것인가?"

그때 홍태화 원섭(洪太和 元燮)도 이 음악회에 있었는데, 이렇게 나에게 이야기해 주었다. 담헌이 세상을 떠난 다음 해에 이 글을 쓴다.

이 글은 성대중의 문집 『청성집(靑城集)』에 전하는데, 담헌이 세상을 떠난 다음 해라면 1784년이다. 유춘오 악회는 담헌이 아버지의 삼년상을 치르고 서울로 올라온 1770년부터 처음으로 벼슬에 나간 1774년까지 성황을 이룬 것으로 보이는데, 박지원을 비롯하여 안동 김씨 명문가 출신의 김용겸(金用謙, 1702~1789), 거문고의 명연주자였던 서얼 출신의 김억(金檍), 전서(篆書)로 이름난 서예가 이한진(李漢鎭, 1732~?), 장악원(掌樂院)의 악공인 국수(國手) 보안(普安)이 생황을 가지고 오고, 거문고를 가지고 홍경성(洪景性)이 모였다고 했다. 이 음악회의 수준이 어떠했는지는 김용겸 공이 절을 했다는 것만으로도 넉넉히 짐작할 수 있을 터인데, 연암의 벗인 홍원섭(洪元燮, 1744~1807)이 이 모임에 함께 참여하여 이야기해 준 감명을 성대중이 기록하여 남긴 글임을 알 수 있다.

박연암과 담헌의 친구들이 유춘오에서 자주 음악의 모꼬지를 가졌던 모습은 연암 스스로 밝힌 다음 글에서도 읽을 수 있다.

22일 국옹(麴翁)과 함께 걸어서 담헌의 집에 갔는데, 밤에 풍무(風舞)도 왔다. 담헌이 큰 거문고[瑟]를 연주하자, 풍무는 거문고로 화음을 맞추고 국옹은 갓을 벗어 던지고 노래를 불렀다. 밤이 깊어지자 구름이 흩어져 더위가 물러가고, 거문고 소리는 더욱 맑았다. 좌우에 앉은 사람들이 말이 없이 고요한 것이 마치 단(丹)을 닦는 도가(道家)가 생각을 끊고 조용히 마음을 들여다보는 것 같기도 하고, 참선하는 스님이 문득 전생을 깨닫는 것 같기도 했다. 무릇 스스로를 돌아보아 떳떳할진대 삼군(三軍)과도 맞설 수 있는 법인데, 국옹은 노래를 부르면서 옷을 풀어헤치고 다리를 벌리고 앉아 방약무인하였다……. 지금 담헌과 풍무가 소리를 맞추는 모습을 보며, 내가 비로소 거미에 대한 매탕(梅宕)의 말을 이해하게 되었다.

이 모임은 어느 여름날 밤에 담헌의 유춘오에서 벌어진 연주의 모습이다. 주인인 담헌과 그 가장 친한 벗 연암, 국옹과 풍무 외에도 이름을 남기지 않은 "좌우에 앉은 사람들"이 모였다. 풍무는 조선 후기의 이름난 거문고의 명인으로 서얼 출신의 김억(金檍)이다. 성대중의 글에서는 김억이 양금(洋琴)을 가지고 왔다고 했고, 박연암은 『열하일기』 「동란섭필」에서 1772년 6월 18일 오후 6시경 홍대용이 우리 곡조를 이 서양악기에 맞추어 풀어냈다고 일시까지 써서 증언하고, 이것이 전해진 지 9년 사이에 널리 퍼져서 금사(琴師)로 이를 탈 줄 모르는 자가 없게 되었다고 했다. 이런 양금을 거문고의 명인인 김억이 들고 와서 협연했다고 한다. 그리고 이 두 사람의 반주에 맞추어 국옹이 노래를 불렀는데, 그 모습이 옷을 풀어헤치고 다리를 벌리고 앉아 방약무인하였다는 것이다. 그런데 주위의 사람들은 마치 도가나 참선 중인 스님들이 깨달음을 얻은 것 같은 경지였다고 한다. 박연암이 이 두 편의 글에 특히 날짜를 써서 기록한 것은 이 풍류의 모꼬지의 예술적 뜻을 기념하려는 뜻이 었을 터이다.

잔치와 음식

떡

우리의 농업은 신석기 시대 중기에 잡곡 농사로 시작되었다. 이 시기에 출토된 갈돌과 낟알, 무문토기, 돌확, 절구를 통해 추측해 보면 낟알을 돌확에 갈거나 절구에 빻아 돌판에 익혀서 떡이나 술을 빚었음을 알 수 있다. 이렇게 만들기 시작한 떡은 나라 안 사람들이 모여 농사의 풍작을 빌고 집안의 태안을 비는 천제를 지낼 때의 기본 음식이었다.

조선 시대는 대가족 제도였으므로 잔치나 제례 등 의례 행사가 빈번하였다. 떡은 생일 잔치, 혼례, 제례, 상례와 같은 의례를 위시하여 빈객, 선물, 시식 음식으로 기본이자 으뜸가는 음식이었고, 구황 식품의 기본 품목 중 하나였다. 조선 시대 문헌에 등장한 떡은 종류만도 총 250여 종이 되는데 그 조리법으로 구분하여 보면 지진 떡, 찐 떡, 친 떡, 삶아 건진 떡으로 나눌 수 있다. 떡에 들어가는 재료 역시 각종 곡류와 콩류를 위시하여 여러 가지 견과류, 향채류, 꽃잎과 과일즙 등을 써서 다양하고 합리적으로 배합을 하였다. 서울 지방의 「떡타령」과 『삼국사기』에 나오는 백결선생 이야기는 한국의 떡의 풍속사를 잘 보여주고 있다.

각색병 궁중음식연구원 사진

떡 사오, 떡 사오, 떡 사오.
정월 보름 달떡이요, 이월 한식 송편이요, 삼월 삼짇 쑥떡이로다.
사월 파일 느티떡, 오월 단오 수리치떡, 유월 유두에 밀전병이요,
칠월 칠석에 수단이요, 팔월 가위 오려송편, 구월 구일 국화떡,
무시루떡, 동짓달 동짓날 새알심이, 선달에는 골무떡이라……

……세모에 이웃집에서 떡방아를 찧으므로 그 아내는 말하기를 "사람들은 모두 떡방아를 찧는데 우리만 홀로 이를 못하니 어찌 이 해를 마치고 새해를 맞으리오" 하니 백결선생은 하늘을 우러러 한탄하기를 "대저 죽고 사는 것은 목숨에 있고 부하고 귀한 것은 하늘에 달렸도다. 오는 것을 막지 못하고 가는 것을 쫓을 수 없는데 그대는 어찌하여 상심하는가. 내 그대를 위하여 떡방아 찧는 소리를 냄으로써 이 슬픔을 위로할 것이다" 하고 거문고를 타서 떡방아 찧는 소리를 냈는데 이것이 세상에 전해져 대악(碓樂)이라 한다.

– 『삼국사기』 권 제48, 백결선생 이야기

술

한국의 술 문화는 설날에 마시는 도소주(屠蘇酒)와 정월 대보름날 아침에 웃어른이 마시게 하는 '귀밝이술'까지 성스러운 신의 잔치에 참여한다는 뜻이 있다. 설날에 마시는 도소주는 산초 · 방풍 · 육계피 등 약초로 빚은 술이며, 이 술을 마시면 한 해의 요사한 기운을 다 쫓고 행운을 가져오게 한다고 믿었다. 또 정월 보름에 웃어른이 술을 못 마시는 어린 사람에게까지 마시게 하는 귀밝이술은 귀를 밝게 한다는 신비의 술이다. 이처

럼 한국의 명절은 술을 마시는 잔치 풍속으로 시작된다.

제사에서 술은 하늘이나 신에게 드리는 첫 번째 음료일 뿐 아니라, 결혼식에서도 가장 필수적인 음식이다. 하늘에 맹세하는 예와 해로를 맹세하는 교배례에서 신부는 4배, 신랑은 2배를 마시고, 합근례에서는 하나의 표주박을 둘로 쪼갠 잔에 술을 담아 서로 교환하여 마신다. 이러한 술마시기는 조선 시대의 가족제도로 볼 때 신랑 신부 두 사람뿐 아니라 양가의 통합을 의미하는 것이다.

술은 태고 시대부터 인류와 함께한 유서 깊은 음식이다. 고려 왕궁에서는 좋은 술을 매일 마셨는데, 청주와 법주 두 종류의 술이 질항아리에 담겨 황견으로 봉해져 항상 비치되어 있었고 멥쌀술이 많았다고 전한다.[41] 여기에서 청주는 맑게 거른 술이고 법주는 탁주로 해석된다. 『동국이상국집』에서 "새 술을 걸러서 맑은 술로 하려면 서너 병을 얻기 어렵다"고 하였듯이 탁주를 거르면 30~40%의 맑은 술을 받았던 것을 알 수 있다. 이외에 부의주 · 창포주 · 국화주 · 포도주 · 백자주 · 예주 · 죽엽주 · 이화주 · 녹파주 · 춘주 · 오가피주 · 방문주 · 천일주 · 삼해주 · 두강주 등 50여 종이 있었으니 궁중에서도 이처럼 여러 종류의 술을 비치하고 계절에 따라 기호에 따라 골라 썼을 것이다. 고려 중기 이후 원으로부터 증류주법을 도입하여 소주를 증류했는데 매우 유행하였다.[42]

41. 서긍, 『고려도경』 瓦樽.
42. 윤서석, 『우리나라 식생활문화의 역사』, 280~281쪽.

'주주객반(主酒客飯)'

술과 관련한 풍습으로는 일찍부터 '주주객반'이라 하여 주인은 손님에게 술을 권하고 손님은 주인에게 밥을 권하며 다정하게 음식을 나누는 풍습을 나타내는 말이 있다. 그러나 판소리 「춘향전」에서는 이 말을 익살스럽게 "주주객반이라 했으니 주인은 술을 마실 테니 손님은 밥을 드시라"며 농치는 대목이 있어, 술 문화의 풍요로운 한 모습을 이해할 수 있다.

'초미 이잔 종미 칠잔'의 주연

술과 관련된 풍습은 오래되고 복잡해서 모두 소개하기 어렵지만, 조선 시대 선비의 술잔치[酒宴]는 "초미 이잔 종미 칠잔(初味二盞 終味七盞)"이라고 했다. 『증보문헌비고』 권29에 조선 시대 사대부가 모인 주연의 한 모습을 알려주는 부분이 있다.

> 손님이 자리에 좌정을 하면 술잔을 돌린다. 처음 술잔이 한 순배 돌면 초미(初味: 첫 번째 안주)가 나오고 가명록 금강성조(歌鳴鹿 金剛城調)가 연주되며 술잔이 다시 돌고 음악이 오관산(五冠山)으로 바뀌면 두 번째 안주가 나온다. 이미 삼잔(二味三盞)이다. 이렇게 종미 칠잔(終味七盞)으로 끝내는데 그 사이사이에 삼현(三絃)이 울리고 오관산·방등산곡이 연주되다 끝잔이 돌고 여섯 번째 안주가 나오면 권농가(勸農歌)가 연주된다.

참으로 마시는 술, 막걸리

참으로 마시는 술은 보통 쌀막걸리·보리막걸리이다. 막걸리는 술을 빚어 알맞게 발효한 것을 청주를 거르지 않고 그대로 뜬 술이다. 탁하지만 맛이 구수하고 알코올 성분은 적은데 열량이 많아서 마시면 요기가 되고 피로가 풀린다. 노동으로 피곤할 때 마시기에 좋은 술이다.[43] 요사이는 지방마다 색다른 막걸리를 많이 개발하고 있어서, 가평 잣막걸리, 이동 막걸리, 제주도 좁쌀 막걸리 등 물 좋은 고장의 막걸리가 유명하다. 찹쌀 등을 띄운 여러 가지 동동주도 있다.

상차림

『고려도경』은 1125년 송나라 사신 서긍이 불과 한 달 남짓 고려를 견문한 기록이어서 한계가 있지만 그것을(권26 燕飮; 권28 供帳) 참고하면 다음과 같다.

> 장막은 광채가 나고 화려하며 당 위에는 비단 방석을 깔고 양쪽 행랑에는 단을 두른 자리를 깔았다. 공식 연회는 술을 중하게 생각하고, 음식은 실과와 채소가 소담하고 잣 · 호두 · 밤 등은 모두 껍질을 벗겼다. 양고기 · 돼지고기 요리가 있고 해물로 만든 안주가 풍성하다. 기명은 대개 도금한 것이고 간혹 은기가 있으나 청자가 가장 귀한 그릇이다. 귀족과 고관은 상탁(牀卓)을 쓰고, 상탁 위로 음식을 차린 반찬을 놓는다. 고종 33년(1246) 당시의 권신 최이(崔怡)가 왕을 대접한 잔치는 칠보한 그릇에 연탁은 주칠을 하고 상의 네 귀는 도금으로 장정(裝釘)을 한 것이며 잔치 차림이 여섯 상이었다.[44]

43. 『한국의 민속세계』 1, 630~635쪽, 고대민족문화연구원 간.

과안

고려 시대에 팔관회 잔치에 왕의 앞에 차린 과안은 차와 함께 조과(과줄 또는 한과)와 과실류로 차린 상이다. 품목은 기록이 없으나 고려의 식품으로 미루어 과실은 밤 · 대추 · 잣 · 호두와 같은 견과류이고, 조과는 다식 · 유밀과 · 숙실과 등이다. 잣은 고래로 우리나라의 명물이고 고려의 밤은 복숭아처럼 컸는데 도기 항아리에 저장해서 일 년 내내 썼다.[45] 조과로는 특히 다식과 몇 가지 유밀과가 명물이었다. 고려는 전대에 비하면 미곡이 크게 증산되던 시대이고, 불교를 국교로 숭상하는 환경에서 큰 규모의 불사가 자주 있었다. 이런 환경에서 떡과 조과류가 크게 발달하였다. 그중 다식과 유밀과를 만드는 솜씨는 뛰어났는데, 이색의 『목은집』에는 팔관회 잔치에서 보내준 다식을 받고 읊은 시가 있다.

유밀과는 밀가루를 꿀 · 술로 반죽하여 기름에 지져 꿀에 재운 조과로서 지금의 약과이다. 『성호사설(星湖僿說)』에서 유밀과를 말하기를 "조선 시대에 와서 높이 고이기 편하도록 납작한 모양으로 변했다"고 하고 『용재총화(慵齋叢話)』에서 "밀과는 본래 새 · 짐승의 모양 그대로 만든다"고 했다. 유밀과가 맛이 좋아서 원나라와의 혼인 행사 때 폐백으로 많이 쓰였고 차와 맛이 잘 어울리므로 사원은 물론이고 왕이 행차할 때 각 고을에서 유밀과를 봉정하였다. 공사(公私) 연회에서도 성행하였는데 낭비가 심했던 모양으로 명종은 22년(1192) 유밀과의 쓰임새를 절약하도록 다음과 같이 금령을 내렸다.

44. 『고려사』 권129, 열전 42, 최충헌.
45. 서긍, 『고려도경』 권23, 토산.

유밀과 궁중음식연구원 사진

> 유밀과를 지나치게 과용하여 마치 곡속(穀粟)을 모래처럼 허비하니 금후로는 소연에는 3그릇, 중연에는 5그릇, 큰 잔치에는 7그릇으로 제한하라.[46]

위의 금령에서 짐작할 수 있듯이 유밀과에도 약과 · 다식 · 강정 · 숙실과(일명 정과) 등 여러 종류가 있었다.

46. 『고려사』 권85, 형법금령.

다과상 궁중음식연구원 사진

차와 진다례

고려는 차를 마시는 풍습이 성행하여 궁중에는 차를 담당하는 부서로 다방이 있었다. 시중에는 차를 파는 다점이 있고, 객관에는 다정(茶亭)이 있었다. 왕이 행차할 때에는 다담 군사(茶擔軍士)가 차 도구를 메고 따랐다.[47] 왕의 행차가 있으면 사원은 차와 유밀과를 대접한다. 궁중에서 잔치가 있을 때에는 다방에서 차와 과안을 준비하여 진다례(進茶禮)를 행하는데, 왕과 태자 이하 공신이 모인 자리에서 차를 마실 때에는 집사가 집행하는 순서에 따랐다. 차는 삼국시대 흥덕왕 때 중국에서

47. 『고려사』 권26, 여복지.

처음 들여와 지리산 근방에서 재배하였다. 고려에서도 뇌원차(腦原茶) · 유다차[孺茶] 등을 산출하였으나 기후 관계로 많이 재배하지는 못했다. 그래서 고려는 송으로부터 단병차(團餠茶)를 많이 수입해서 마셨다.

진작의궤(進爵儀軌)

조선 후기의 왕실의 잔치상은 순조 28년(1828) 진작의궤에 수록한 연향 상차림과 음식에서 잘 볼 수 있다. 순조 진작의궤는 곤전인 순원왕후 김씨의 4순을 축하하여 자경전에서 열린 연향인데, 축일 당일에 올린 자경전 정일진작(正日進爵)과 자경전 야진별반과(夜進別盤果) 및 다음 날 올린 자경전 익일회작(翌日會酌)이 기록되어 있다.

정일진작에서 가장 주요한 큰상차림

진어찬안은 속명으로 큰상차림(高排床, 望床)이다. 순조 28년 연향에서 대전과 중궁전에 올린 진어찬안은 음식이 44그릇이고, 고여 올린 높이가 1척 5촌이다. 진어찬안은 망상이라 하여 연향 내내 그대로 두고 보는 것이므로 직접 먹을 수 있는 상차림을 따로 올린다. 본 의궤에는 진어과개 · 진어별행과 · 진어미수 · 진어소선 · 진어대선 · 진탕 · 진만두 · 진차의 순서로 드린다고 기록되어 있다.

세자궁과 세자빈궁

음식이 31그릇이고 높이는 1척 3촌이며 진어과개 · 진어소선 · 진어대선이 생략되어 있다.

이 날 참석한 명은공주 · 숙선옹주 · 복은공주에게는 각각 음식 25그릇, 22그릇, 21그릇을 내렸고 높이는 모두 1척 1촌이다. 나인 상은 음식

궁중의 큰상차림 궁중음식연구원 사진

18그릇 높이 8촌이다. 내외빈, 내외 종친, 제신에게 각 나인과 같은 수준으로 음식상이 대접된다. 궁내 각사의 내관, 내시, 궐내 입직 별감, 군병, 악공 등 궐내 각처의 모든 사람들에게 나름대로의 음식상을 내리는데, 의궤에 실린 것을 종합하면 150상에 가까운 숫자이다. 대전 · 중궁전에 올린 상차림과 음식 종목은 다음과 같다.

정일진작의 진어찬안

정일진작 진어찬안에 차린 음식은 다음과 같다.

떡 6그릇: 거피팥메시루떡, 녹두메시루떡, 신감초메시루떡, 잡과꿀메시루떡, 녹두차시루떡, 볶은팥과 석이버섯차시루떡, 합병.

대추조악, 감태조악, 황조악, 화전, 감태산삼, 연산삼, 석이 단자, 잡과병, 약반, 병시 등 17종목을 6그릇에 고임.

과정류 13그릇: 대약과, 다식과, 흑임자 다식, 황율 다식, 녹말 다식, 송화 다식, 양색매화 강정, 2색 강정, 3색 매화연사과, 3색 요화, 각색당, 용안, 여지, 조란, 율란, 강란, 3색 녹말병, 각색 정과 등 22종을 13그릇으로 고임.

생과일 6그릇: 석류, 생리(배), 준시, 대추, 생률, 송백자.

화채 2그릇: 이숙(배숙), 화채.

면과 여러 가지 찬물: 면, 금중탕, 잡탕, 추복탕, 각색 절육, 편육, 어전, 해삼전, 양전, 간전, 전치수, 전복초, 홍합초, 각색화양적, 연저증, 부어증.

양색갑회, 청(꿀), 겨자, 초장.

상화 32개: 종이로 만든 꽃을 국물이 없는 음식을 고인 그릇마다에 한 꼬지씩 꽂음.

진어별행과상

소약과, 홍세한과, 백세한과, 홍백은정과, 흑임자 다식, 녹말 다식, 조란, 생리, 준시, 생률, 증대추(찐대추).

진어미수

3미(味) 5기(器)라 하여 세 번에 나누어 한번에 5그릇씩 음식을 올리는데 이것은 연향의 자리에서 잡수시도록 올리는 음식이다. 초미는 첫 번째로 드린 것, 2미는 두 번째, 3미는 세 번째 드린 음식이다.

초미: 연약과, 면, 골탕, 각색 화양적, 부어증.
2미: 연행인과, 잡탕, 어전유화, 양숙편, 전복숙.
3미: 홍미자, 와자탕, 우육숙편, 전치수, 해삼증.
진어소선: 우육숙편, 계육숙편.
진어대선: 제육숙편, 계육숙편.
진탕: 금중탕 2그릇.
진만두: 만두 2그릇.
진차: 작설차 2그릇.

자경전 야진별반과

밤참으로 드린 상차림이다. 여러 가지 떡과 과정류 · 면 등 20그릇을 1척 2촌의 높이로 고였다.

자경전 익일회작

다음날 드린 상차림인데, 각색 떡과 과줄 · 숙실과 · 생실과 22그릇을 1척 3촌의 높이로 고인 것이다.[48]

음식으로 하는 선물

예로부터 손님 접대는 '빈례(賓禮)' 라 하여 이른바 '오례(五禮)' 의 하

48. 이상은 · 이효지, 『조선왕조 궁중연회음식의 분석적 연구』, 21~25쪽, 1985, 수학사 간.

나로 중시했다. 그러나 손님 접대는 음식만 융숭하면 되는 것이 아니고 격에 맞는 접대 예절이 따라야 한다. 음식이 너무 융숭하면 낭비를 가져오고, 너무 허술하면 손님에게 기쁨을 줄 수 없다. 그래서 빈례를 정하기도 한 것인데, 빈례에는 다섯 등급이 있어 표준을 정하였으나 그래도 지방관의 순회나 외국 사절의 접대로 나라가 망한다는 상소가 선비들에게서 그치지 않을 만큼 폐해가 많았다. 18세기의 실학자 정약용의 『목민심서(牧民心書)』의 「빈객」조에서는 손님 접대가 분수에 넘쳐 겉치레나 사치에 흐르는 폐해를 지적하고 있다.

봉송 돌리기

전통 혼례식에서는 예식이 끝나면 신랑은 안방으로 들어가 옷을 갈아입고 큰상을 받는다. 이 때 받은 큰상 음식은 음식 단자를 써서 함께 봉하여 신랑집으로 보낸다. 만약 신부가 시집으로 들어가는 우귀일(于歸日)이 가까우면 신부와 함께 보내는 경우도 있는데, 신랑 집에서는 이 음식으로 친척들을 불러모으고 동네 잔치를 한다. 이렇게 음식을 만들어 시가에 보내는 것을 장반(長盤)이라 하고, 동네 사람들에게 음식을 돌리는 것을 '봉송돌린다'고 해서 풍습으로 삼았다.[49]

사찬(賜饌)

궁중 풍습에 잔치가 끝나면 고배상으로 고였던 음식을 헐지 않고 고인 상태 그대로 한지에 싸서 종친이나 신하의 집으로 선물을 한다. 이것을 사찬(賜饌)이라 하였는데 이를 통해 궁중의 음식이 민간으로 전해

49. 강인희, 『한국 식생활사』, 70쪽, 1978, 삼영사 간.

지는 경로가 되었다. 음식을 보낼 때에는 가마처럼 생긴 가자(架子)에 실어 보냈다.[50]

국수 한 밥소라

잔치는 경사가 있을 때 손님을 청하여 함께 먹고 즐기는 모임이어서, 주인의 접대와 손님의 예의가 따르기 마련이다. 잔치에 일가친척이나 친구 혹은 가까운 이웃을 청하면, 초대받은 사람은 잔치의 내용이나 경사를 맞은 사람과의 관계에 따라서 선물을 준비하여 건넨다. 친척의 생일 잔치라면 요사이는 서양식 케익이나 떡 케익을 선물하지만, 예전에는 국수 한 밥소라를 배달시키기도 하고, 사가지고 가기도 했다. 혼인 때에도 색떡 한 틀이면 부조가 되고, 더 하려면 국수 한 채반을 하지 지금처럼 돈을 내놓지는 않았다. 초상에는 아주 가까운 사이나 넉넉한 집에서는 팥죽이나 깨죽, 혹은 잣죽을 쑤어 보냈다.[51]

색떡

요사이 전통 문화에 대한 관심이 높아지면서 생일인 경우에나 선물용으로 케익 대신 떡을 선물하는 일이 많아졌다. 지금도 서울의 종로통이나 낙원동 떡집이 옛솜씨를 자랑하고 있고 백화점 음식 코너마다 보기 좋게 진열된 떡의 종류가 다양하다. 예부터 잔치에는 떡이 반드시 있었고 특히 잔치 떡은 색색으로 솜씨를 부려 만들었는데, 그중에도 색떡이 잔칫날의 선물 떡으로 명품이었다.

색떡은 큼직한 밥소라에 흰떡으로 약 30cm쯤 되게 기둥을 세우고

50. 황혜성 외, 『궁중의 식생활』, 32쪽, 한국문화재보호재단 간.
51. 어효선, 『내가 자란 서울』, 대원사 간.

여러 가지 천연색 물감을 색색으로 들인 떡으로 예쁜 나뭇잎 모양이나 꽃, 새나 괴불주머니, 노리개 등을 만들어 꼬챙이에 물려서 떡덩이에 돌아가며 꽂아 소담하고 화려하게 구성을 한다. 전통의 구식 결혼식에는 색떡을 보내오는 대로 대청에 주욱 늘어놓아 장식을 하였는데, 지금의 화환과 같은 역할을 하였다. 상가에 보내는 색떡 선물은 장식을 모두 흰색으로 하였다.

떡은 평소에도 선물로 많이 쓰이는데 계절에 맞추어 봄철에는 개피떡, 여름에는 증편을 많이 썼고 먼 곳으로 보낼 때에는 인절미나 절편을 큰 덩이채 보냈다. 흰떡 외에도 쑥을 섞어서 쑥색으로, 송기를 섞어 송기색 등으로 하여 색깔을 조화롭게 만들고 특히 절편에는 길한 무늬의 떡살을 찍어 보기 좋게 하였다. 가까운 곳이면 목판에 담고, 먼 곳이면 떡동구리에 담아 보냈다.

『음식법』에서 이르는 음식 선물 예절

『음식법』은 효도 찬합이라 하여 조선 시대 말에 어느 반가의 할머니가 혼례를 앞둔 손녀에게 음식을 선물할 때의 예절, 즉 음식 고르기, 음식 담기와 그릇 등을 구체적으로 상세하게 기술한 책이다. 이 책의 첫머리에는 '제과유독 제채유독'의 여러 사례를 들어 주의를 하도록 이르고 있다. 음식 선물은 집에서 만드는 경우가 많았으므로 특히 위생에 주의하여 해로움이 없도록 하고, 정성을 담아야 하며, 계절과 어울리는 것으로 정하고, 가까운 곳에 보내는 경우와 먼 곳으로 보내는 경우를 구별하여 헤아리도록 이르고 있다. 조선 시대의 대가족 살림에는 행사도 많고 잔치도 많았으므로 음식을 선물하는 경우가 많았는데, 이처럼 음식 선물은 나눌수록 정이 오고가는 훌륭한 우리 전통 풍속 중의 하나이다.

색떡 궁중음식연구원 사진

참고문헌

단행본

강인희 · 이경복, 『한국식생활풍속』, 1984, 삼영사
『고려도경』 (영인본), 1972, 경인문화사
『고려사』(중)(영인본), 1983, 아세아문화사
김상보, 『17 · 18세기 조선왕조 궁중연향 음식문화』, 한국정신문화연구원 편, 2003, 민속원
—, 『조선왕조 궁중의례음식문화』, 1996, 수학사
김영운, 『조선후기 국연의 악무 연구』, 한국정신문화연구원 편, 2003, 민속원
김종권 역, 신석호 감수, 『완역 삼국사기』, 1969, 선진문화사
김종수, 『조선시대 궁중연향과 여악연구-조선후기궁중연향문화』 권1, 2001, 민속원
나경수, 『한국민속의 세계』 9-동신신앙, 고려대학교 민족문화연구원
羅孫金東旭先生回甲紀念文集, 1971
박성봉 · 고경식 역, 『역해 삼국유사』, 1993, 서문문화사
박혜인, 『한국민속의 세계』 2-백일 돌 생일 회갑 혼례, 고려대학교 민족문화연구원
신서원, 『북역 고려사』, 제6책, 1966, 고전연구실 편찬
윤덕인, 『강원도 민속제의의 제물에 관한 연구』, 2005, 비교민속학회
윤덕진, 『가사읽기』, 1999, 태학사
윤서석, 『우리나라 식생활문화의 역사』, 1999, 신광출판사
이능화, 『朝鮮女俗考』, 1925, 동양서원
이두현, 『宜民堂隨記』, 1989, 한샘
—, 『韓國民俗學論考』, 1984, 학연사

이보영, 『한국민속의 세계』 6-음악, 고려대학교 민족문화연구원
이상일, 『놀이문화와 축제』, 1996, 성균관대학교출판부
이해준, 『한국민속의 세계』 1-마을생활, 2001, 고려대학교 민족문화연구원
이효지, 『조선왕조 궁중연회음식의 분석적 연구』, 1985, 수학사
임동권, 『韓國의 民謠』, 1992, 일지사
임동권 외, 『한국민속의 세계』 5-세시풍속, 고려대학교 민족문화연구원
장동학, 『한국민속의 세계』 8-민요, 고려대학교 민족문화연구원
조효순, 『한국민속종합조사보고서-경기도, 강원도, 충청남 · 북도, 전라남 · 북도, 경상남 · 북도, 제주도』, 한국 전통생활문화와 현대예절, 2005, 일지사
최남선, 『故事通』, 1942, 삼중당서점
— , 『朝鮮常識』 풍속편, 1948, 동명사
『춘향전』, 한국고전문화대계 10, 1970, 민주서관
한국고전국역위원회, 『국역대전회통』, 고려대학교출판부
『한국사 21』, 고려후기의 사상과 문화, 1996, 국사편찬위원회
『한국사 25』, 조선초기의 사회와 신분구조, 1994, 국사편찬위원회
『한국사 27』, 조선초기의 문화Ⅱ, 1996, 국사편찬위원회
『한국사 31』, 조선중기의 사회와 문화, 1998, 국사편찬위원회
한효길, 『한국의 풍어제』, 빛깔있는 책 210, 1998, 대원사
허균, 『한정록』, 민족문화추진회 편, 1997
황혜성 외, 『조선왕조 궁중의 음식문화』, 한국음식대관 제6권, 1997, 한국문화재보호재단

찾아보기

윤 서 석

1923년 서울 출생
경기여고 졸업
일본 동경여자고등사범학교(현 오짜노미즈여자대학) 가사과 졸업
중앙대학교에서 이학박사 학위 받음

명지대학교 가정과 교수
중앙대학교 사범대학 가정교육과 교수, 생활과학대학 식품영양학과 교수
중앙대학교 사범대학 학장, 생활과학대학 학장
대한가정학회 · 한국식문화학회 · 한국조리과학회 회장
서울특별시 교육위원
현재 중앙대학교 생활과학대학 명예교수

저서
『한국 음식-역사와 조리』
『韓國食品史研究』
『우리나라 식생활문화의 역사』
『韓國の食文化史』

역서
『齊民要術-식품조리 · 가공편』(공역)
『중국음식문화사』(공역)
『일본식생활사』(공역)

이화여자대학교출판부 기획 시리즈

‘우리 문화의 뿌리를 찾아서’

1. 한국사 입문 신형식 지음
2. 전통 한복의 멋-노리개 이경자 지음
3. 한국의 지붕 · 선 임석재 지음
4. 한국의 창 · 문 임석재 지음
5. 한국의 돌 · 담 · 길 임석재 지음
6. 한국의 전통 공간 임석재 지음
7. 한국의 꽃살 · 기둥 · 누각 임석재 지음
8. 우리춤 김말복 지음
9. 한국 고전여성작가의 시세계 이혜순 지음
10. 한국의 탈춤 조동일 지음
11. 한국의 전통 교육 최완기 지음
12. 한국의 풍속 : 민간 신앙 최준식 지음
13. 한국의 전통 사회 : 화폐 원유한 지음
14. 한국의 전통 공예 : 도기 나선화 지음
15. 한국의 전통 선박-한선(韓船) 최완기 지음
16. 한국의 여행 문학 김태준 지음
17. 한국의 전통 사회 : 시장 정승모 지음
18. 한국의 전통 공예 : 소반 배만실 지음
19. 조선 상류 주택의 내부 공간과 가구 최상헌 지음
20. 한국의 전통 사회 : 운송 기구 최운식 지음
21. 한국의 종교 : 불교 최준식 지음
22. 한국의 전통 과학 : 천문학 박창범 지음
23. 한국의 전통 무예 : 18기 최복규 지음

근간

한국의 전통 사회 : 마을 오홍석 지음

한국의 음식 : 김치 김숙희 지음

한국의 풍속 잔치

펴낸날 _ 1판 1쇄 2008년 2월 29일 **지은이** _ 윤서석 **펴낸이** _ 최민숙 **펴낸곳** _ 이화여자대학교출판부
주소 _ 서울특별시 서대문구 대현동 11-1 (120-750) **등록** _ 1954년 7월 6일 제9-61호
전화 _ 02-3277-2965, 2966(편집팀) 02-3277-3164, 362-6076(영업팀) **팩스** _ 02-312-4312
e-mail _ press@ewha.ac.kr **인터넷서점** _ www.ewhapress.com
편집 책임 _ 정경임 **디자인** _ GNA Communications **찍은곳** _ (주)영림인쇄

ISBN 978-89-7300-776-9 04380
ISBN 978-89-7300-602-9 (세트)
값 12,000원

* 잘못된 책은 바꾸어 드립니다.